AF193410

ACCESO GRATIS a la Lectura en la Nube

Para visualizar el libro electrónico en la nube de lectura envíe junto a su nombre y apellidos una fotografía del código de barras situado en la contraportada del libro y otra del ticket de compra a la dirección:

ebooktirant@tirant.com

En un máximo de 72 horas laborables le enviaremos el código de acceso con sus instrucciones.

DESAFÍOS DE LA INTELIGENCIA ARTIFICIAL

¿Una herramienta al servicio de la igualdad?

Celia Prados García (dir.)
Alicia Cárdenas Cordón (coord.)

DESAFÍOS DE LA INTELIGENCIA ARTIFICIAL
¿Una herramienta al servicio de la igualdad?

tirant humanidades
Valencia, 2025

Publicación financiada por el Ayuntamiento de Córdoba en el marco del Proyecto Desafíos de la inteligencia artificial. ¿Una herramienta al servicio de la igualdad?, ejecutado por la Cátedra de Estudios de las Mujeres Leonor de Guzmán.

© Varios Autores

© TIRANT LO BLANCH
EDITA: TIRANT LO BLANCH
C/ Artes Gráficas, 14 - 46010 - Valencia
TELFS.: 96/361 00 48 - 50
FAX: 96/369 41 51
Email:tlb@tirant.com
www.tirant.com
Librería virtual: www.tirant.es
Depósito legal: V-3668-2025
ISBN: 978-84-1081-494-3
MAQUETA: Disset Ediciones

ÍNDICE

Autores 9

Abreviaturas 13

Prólogo 15

Sesgos de género, edad y etnia en las IAs generativas 27
Aida de Haro García

¿Pueden ser discriminatorios los sistemas
de reconocimiento facial?...49
Amelia Zafra

SIRI y las asistentas virtuales de voz... 69
Julia Ammerman Yebra

Pornografía sintética, ¿con nuestra imagen?... 87
Carmen Ruiz-Repullo

Inteligencia artificial y recreaciones histórico-arqueológicas
del pasado: reconociendo sesgos en el aula a través
de la Córdoba Califal 107
Carmen González Gutiérrez

Inteligencia artificial, salud y género 137
Pilar Aparicio Martínez / José Manuel Alcalde Llergo

E-recruitment: igualdad y no discriminación, entre
algoritmos y redes sociales 151
Stefano Bini

Claves para una justicia digital y algorítmica con enfoque
de género...169
María José Catalán Chamorro

La inteligencia artificial en el sector agroforestal.
Sostenibilidad, impacto medioambiental y género..........................199
José Luis Quero Pérez

Epílogo...209
Marian Aguilar Rider

Autores

Celia Prados García (directora). Profesora de Derecho civil, directora de la Cátedra de Estudios de las Mujeres Leonor de Guzmán y miembro de la Comisión de Igualdad de la Universidad de Córdoba. Investiga sobre el derecho de la persona, en particular sobre medidas de apoyo al ejercicio de la capacidad jurídica de las personas con discapacidad, así como sobre derecho de familia desde un enfoque interseccional.

Alicia Cárdenas Cordón (coordinadora). Profesora de derecho constitucional en la Universidad de Córdoba. Sus principales líneas de investigación son justicia constitucional, constitucionalismo feminista y memoria democrática. Es secretaria de la Cátedra de Memoria Democrática de la UCO y vocal de la Red Feminista de Derecho Constitucional.

José Manuel Alcalá Llergo. Graduado en Ingeniería Informática y Máster en Inteligencia Computacional e Internet de las Cosas por la Universidad de Córdoba. Estudiante en el programa de Doctorado Nacional en Inteligencia Artificial (XXXVIII ciclo, curso de Ciencias de la Salud y de la Vida), organizado por la Università Campus Bio-Medico di Roma y supervisado por la Università degli Studi della Tuscia (Italia). Su línea de investigación se enfoca en la aplicación de la realidad virtual y la inteligencia artificial en la inclusión social.

Julia Ammerman Yebra. Profesora de Derecho civil en la Universidad de Santiago de Compostela. Obtuvo el título de doctora en Derecho con la tesis "El derecho a la propia voz como derecho de la personalidad" (publicada en Colex, 2021), en la que configura la voz humana como un rasgo de la personalidad que nos identifica de manera única y por tanto resulta merecedor de protección jurídica. Además de los derechos de la personalidad (honor, intimidad, voz, imagen...), sus investigaciones han tenido siempre presente el principio de igualdad de género. Actualmente dirige dos proyectos sobre artistas y sobre protección de la voz en tiempos de Inteligencia Artificial.

Pilar Aparicio Martínez. Profesora del Departamento de Enfermería, Farmacología y Fisioterapia de la Universidad de Córdoba. Investiga sobre prevención de riesgos laborales and e-health, ingeniería biomédica y tecnología educativa, combinado con enfoques sanitarios, sociales, educativos y tecnológicos, en los que destaca su compromiso con la igualdad y la inclusión.

Stefano Bini. Profesor de Derecho del trabajo de la Universidad de Córdoba. Es Coordinador de la Sede de Córdoba del Máster Empleo - Máster Interuniversitario en Estrategias y Gestión de Servicios y Políticas Territoriales de Empleo (Universidades de Córdoba, Granada y Huelva). Sus líneas de investigación versan sobre: Derecho del trabajo digital (e impacto psicosocial); sindicalismo, innovación digital y dimensión colectiva; formación, prácticas, empleo y transiciones profesionales.

María José Catalán Chamorro. Profesora de Derecho procesal de la Universidad de Córdoba. Entre sus líneas de investigación se encuentran la resolución alternativa de conflictos, la justicia electrónica, el acceso a la justicia y la tutela judicial de protección al consumidor y a las personas mayores, desarrolladas a través de capítulos de libros y artículos

Aida Gema de Haro García. Profesora en el Departamento de Informática y Análisis Numérico en la Universidad de Córdoba. Sus principales intereses de investigación incluyen el aprendizaje automático, la clasificación multietiqueta, el escalado de big data y la selección de características. Es miembro del grupo de investigación *Computational Intelligence and Bioiformatics Research Group*. Actualmente dirige un proyecto de investigación sobre Minería de Datos financiados por el Ministerio de Ciencia e Innovación.

Carmen González González. Profesora de Arqueología de la Universidad de Córdoba. Su interés se centra en las mezquitas de al-Andalus, especialmente en las secundarias, y en el papel que jugaron en los procesos de génesis, transformación y evolución de los espacios urbanos andalusíes, así como en las políticas de islamización y urbanización del gobierno omeya. Es autora de numerosos artículos y capítulos de libro sobre las mezquitas andalusíes y a Madinat Qurtuba.

José Luis Quero Pérez. Ecólogo y Catedrático de Ingeniería Agroforestal de la Universidad de Córdoba. Su actividad investigadora se ha ido formando gradualmente durante su carrera en las áreas de ecofisiología de plantas leñosas, regeneración de especies forestales, dinámica de comunidades vegetales y ciclos biogeoquímicos, en ecosistemas mediterráneos. Investiga sobre la importancia de los atributos de las comunidades biológicas (plantas y microorganismos) como determinantes del funcionamiento del ecosistema, sobre mecanismos de alerta temprana de procesos de decaimiento forestal a partir de información remota y sobre inventarios forestales y sus aplicaciones a la ecología forestal y funcional.

Carmen Ruiz Repullo. Profesora de Sociología de la Universidad de Granada. Especialista en violencia de género en adolescentes y jóvenes, ha publicado numerosos trabajos en coeducación y violencia sexual. Es formadora en materia de género y prevención de la violencia de género para profesorado, alumnado, familias y personal técnico de administraciones públicas. Ha realizado labores de consultoría para distintos organismos públicos como la Universidad Internacional de Andalucía (UNIA), el Instituto Andaluz de la Mujer (IAM), distintos gobiernos autonómicos, o el Ministerio de Educación, Cultura y Deporte del Gobierno de España.

Amelia Zafra Gómez. Profesora en el Departamento de Informática y Análisis Numérico de la Universidad de Córdoba. Forma parte del grupo de investigación *Knowledge Discovery and Intelligent Systems* (KDIS) y es miembro del Instituto Andaluz Interuniversitario en Ciencia de Datos e Inteligencia Computacional (DaSCI). Es autora de más de noventa publicaciones sobre el desarrollo y avance de técnicas de I.A. y su aplicación en los ámbitos de la salud, la industria y la educación.

Abreviaturas

BOUCO:	Boletín Oficial de la Universidad de Córdoba
CEDAW:	Convention on the Elimination of All Forms of Discrimination Against Women
IA:	Inteligencia Artificial
INE:	Instituto Nacional de Estadística
ML:	*Machine Learning*
LA:	Learning Analytics
LLM:	Large Language Model
LOSU:	Ley Orgánica 2/2023, de 22 de marzo, del Sistema Universitario
RIA:	Reglamento (UE) 2024/1689 del Parlamento Europeo y del Consejo de 13 de junio de 2024 por el que se establecen normas armonizadas en materia de IA.
STEM:	Science, Technology, Engineering, and Mathematics
UE:	Unión Europea
UNESCO:	Organización de las Naciones Unidas para la Educación, la Ciencia y la Cultura.
VPA:	Virtual Personal Assistant

Prólogo

Es indiscutible que en las últimas décadas asistimos a una revolución tecnológica que ha cambiado nuestra forma de relacionarnos con los demás, inclusive con las administraciones públicas y el sector empresarial, y todo apunta a que esta tendencia se mantendrá en el futuro. La generalización del uso de las tecnologías que aplican algoritmos inteligentes, es decir, que pueden reproducir y/o simular ciertas capacidades humanas, ha dejado de ser una mera promesa futurista para convertirse en una herramienta cotidiana. El uso de la Inteligencia Artificial (IA) contribuye a la generación de beneficios económicos, medioambientales y sociales en todos los sectores económicos y las actividades sociales. Así, proporciona ventajas competitivas en la asistencia sanitaria, la agricultura, la educación, el deporte, la justicia o la mitigación del cambio climático, entre otros[1].

Sin embargo, este nuevo horizonte de posibilidades requiere de profundas reflexiones sobre los desafíos que debe afrontar la sociedad digital. En particular, sobre aquellos que tienen que ver con el uso de sistemas algorítmicos de toma de decisiones en los que, a menudo, se predice el comportamiento humano y se contribuye a perpetuar situaciones de desigualdad sufridas por personas pertenecientes a grupos y colectivos históricamente desaventajados (Soriano, 2021: 64). Valga traer aquí algún ejemplo relacionado con la publicidad dirigida, en la que a menudo se perpetúan conscientemente las desventajas de personas pertenecientes a una determinada etnia o raza. Esto ocurrió con Face-

---

[1] Reglamento (UE) 2024/1689 del Parlamento Europeo y del Consejo, de 13 de junio de 2024, por el que se establecen normas armonizadas en materia de inteligencia artificial y por el que se modifican los Reglamentos (CE) n°300/2008, (UE) n°167/2013, (UE) n°168/2013, (UE) 2018/858, (UE) 2018/1139 y (UE) 2019/2144 y las Directivas 2014/90/UE, (UE) 2016/797 y (UE) 2020/1828 (Reglamento de Inteligencia Artificial).

book, que utilizaba datos inferidos del tipo de música que escuchaban sus usuarios, para excluir a determinados grupos raciales de anuncios de viviendas (Angwin y Parris, 2016). Pero también conocemos sistemas de vigilancia que predicen la probabilidad de una reincidencia criminal. Recordemos cómo la app COMPAS, creada por la empresa Northpointe, predecía que determinados grupos raciales tenían más probabilidades de volver a cometer un delito (Ricoy, 2021, b). O cómo algunos sistemas de reconocimiento facial no reconocieron el rostro de personas por el color de su piel. Esto le ocurrió a Joy Buolamwini (2017), fundadora del *Algoritimic Justice League*, que reveló los sesgos raciales y de género en el reconocimiento facial[2].

El objetivo de esta obra colectiva es sensibilizar a la comunidad educativa sobre las implicaciones del sesgo de sexo y género en el desarrollo y aplicaciones de nuevas tecnologías. El libro da comienzo con dos contribuciones desde el campo de la Tecnología, para después adentrarse en cuestiones jurídicas como la justicia digital, el uso de la IA en los procesos de selección de personal y de intermediación laboral, o la utilización de la voz en la asistencia virtual. Asimismo, se aborda el uso de la IA en el diagnóstico sanitario, el sistema de cuidados, la sostenibilidad de las actividades agrícolas y forestales, incluso para las recreaciones o reconstrucciones en Arqueología. Estos estudios han sido formulados desde el enfoque de género, como categoría transversal en la ciencia, la tecnología y la innovación, partiendo de metodologías que tienen en cuenta quién hace la ciencia, y sobre qué y cómo se hace. Las posibles causas de la existencia del sesgo de género o sexo en el sistema de IA se diferencian claramente según la fase del ciclo de vida de éste, distinguiéndose entre la fase de diseño, la de entrenamiento y la de aplicaciones o uso del sistema (Navas, 2021). En cuanto al diseño es preciso evitar que la persona que desarrolla el programa plasme sus propios sesgos,

---

[2]   El documental *Coded Bias,* dirigido por Shalini Kantayya y premiado en el Sundance Film Festival (2020), está basado en la historia de Joy Boulamwini.

como ocurre cuando reproduce, incluso inconscientemente, los estereotipos de un género determinado. En este punto, señala Susana Navas (2019) que la mayoría de programadores y desarrolladores de *software* son hombres occidentales, también que muchos experimentos clínicos se han centrado en modelos masculinos, apareciendo las mujeres como grupo social sub-representado. En la fase de entrenamiento hay que tener en cuenta que el conjunto de datos con los que se alimenta el sistema debe ser representativo de la sociedad y no sólo de una muestra. Por último, hay que tener en cuenta los posibles usos que se hagan del sistema basado en IA, especialmente si se alimenta de datos abiertos que pueden contener sesgos que el sistema termina reproduciendo en sus predicciones, recomendaciones e incluso decisiones.

La obra que tiene en sus manos se estructura en torno a nueve capítulos, en los que se realizan contribuciones desde distintos campos científicos. Así, **Aida Gema de Haro García**, investigadora de la Universidad de Córdoba y especialista en aprendizaje automático, parte de los fundamentos de los LLM (*Large Language Model*) que no son infalibles y heredan sesgos de género[3], edad y etnia, tanto de sus programadores, como de las personas usuarias y de las fuentes de información de las que se nutren. Igualmente, la autora presta atención a la creación de contenido de violencia digital y formula propuestas para un correcto uso de la IA.

---

[3]   Estamos ante sesgos de género cuando se incorporan estereotipos de género al reproducir ideas y resultados sin tomar en cuenta la perspectiva de género, o lo que es lo mismo, partiendo de un supuesto erróneo de igualdad que adopta lo masculino como referente universal o exacerba diferencias biológicas entre hombres y mujeres o naturaliza diferencias socialmente construidas. Véase: *Guía para la incorporación de la perspectiva de género en la docencia y la investigación*, Universidad de Deusto, 2021. Disponible: https://www.researchgate.net/publication/360631331_Guia_para_la_incorporacion_de_la_perspectiva_de_genero_en_la_docencia_y_la_investigacion [Consultada: May 13 2025].

También desde el campo de la Tecnología, **Amelia Zafra Gómez** se ocupa de los sistemas de reconocimiento facial que han proliferado en los últimos años y que se utilizan con múltiples propósitos, desde la contratación de servicios a aspectos relacionados con seguridad y vigilancia. Sin embargo, a pesar de los amplios esfuerzos para mejorar su fiabilidad, los estudios evidencian que los algoritmos de aprendizaje automático pueden discriminar según el género y la raza. Esto ocurre cuando dichos algoritmos establecen patrones tras procesar grandes cantidades de datos sesgados y aprenden de una muestra que no es representativa de la sociedad. En este sentido, la profesora del Departamento de Informática y Análisis Numérico de la Universidad de Córdoba reflexiona sobre si el empleo de tecnología biométrica para identificar a las personas vulnera la privacidad de la información y si pueden ser discriminatorios.

A continuación, **Julia Ammerman Yebra**, profesora de Derecho civil de la Universidad de Santiago de Compostela, se adentra en los desafíos de la protección de los derechos fundamentales de las personas en la IA. En particular, se ocupa de los sesgos de género de las asistentes virtuales (Siri, Alexa, Cortana ...) desde una perspectiva crítica feminista. Cuestión ésta que ya había sido puesta de manifiesto por la UNESCO en 2019 en el informe *I'd Blush if I Could*, que evidenciaba la perpetuación de estereotipos de género en las aplicaciones de asistentes de voz (West et al, 2019)[4]. Voces que, además de femeninas, responden a un "supuesto «modelo ideal» de mujer, dulce, sumisa, obediente, cariñosa" (Navas, 2019). En este sentido, Ammerman analiza las características del derecho a la voz y los valores y roles asociados a las voces de asistentas virtuales. Asimismo, estudia el Reglamento (UE) 2024/1689 por el que se establecen normas armonizadas en materia de IA, en lo relativo a

---

[4]   Mientras que los robots para chatear y tener compañía son mujeres (Sophia de Hanson Robotics y Erica de Hiroshi Ishiguro), los robots para rescates y parkour son hombres (Hermes del MIT y Atlas de Boston Dynamics). Estos ejemplos y muchos otros son visibilizados por Rosa María Ricoy Casas (2021: 97 y 97).

las directrices éticas aplicables a los sistemas de IA sobre igualdad de género que, aunque formulados en términos de *soft law* y recomendaciones, nos faculta para defender que los sesgos de género apreciados en los asistentes virtuales deberán evitarse desde la fase de diseño de estos sistemas.

De la violencia sexual generada a través de la inteligencia artificial se ocupa **Carmen Ruiz Repullo**, profesora de Sociología de la Universidad de Granada. El contexto de la pornificación social se ha extendido a todos los espacios de la adolescencia, aunque no tiene los mismos efectos en función del género. Así, la autora se detiene en un fenómeno que nace con las redes sociales e idealiza e hipersexualiza la belleza de niñas, adolescentes e *influencers* en los entornos digitales. Asimismo, muestra cómo los datos sobre ciberdelitos sexuales indican un claro aumento de los *Deep nudes* o los desnudos con inteligencia artificial. El caso de Almendralejo ha sido uno de los más mediáticos, aunque antes y tras el mismo han surgido otras denuncias similares. Ante esto, la autora se plantea el papel que juega la pornografía en la proliferación de este tipo de delitos, el impacto de estas imágenes creadas artificialmente en las víctimas, la finalidad que buscan quienes las crean y comparten y las medidas necesarias para frenar estos ciberdelitos sexuales.

La IA también ha irrumpido en la Arqueología, donde frente al mal estado de conservación en el que suelen hallarse los restos arqueológicos, las herramientas digitales se convierten en instrumentos eficaces como apoyo social. Sin embargo, pese a las enormes posibilidades que ofrece la IA para la recreación, reconstrucción y restitución en Arqueología, **Carmen González Gutiérrez** señala la necesidad de contar con perfiles profesionales adecuados en el desarrollo de estas herramientas, para evitar sesgos sociales, raciales y de género que se han perpetuado en algunos discursos historiográficos. Para ello, propone un ejercicio didáctico que se centra en analizar la sociedad andalusí (concretamente en la Córdoba del siglo X) y la vida cotidiana en ámbito urbano. Esta actividad tiene como objetivo concienciar al alumnado sobre la importancia de eliminar ideas preconcebidas o indebidamente justificadas sobre las sociedades del pasado si queremos alcanzar mayor rigor en nuestros resultados. Dichos sesgos se vinculan, muy frecuentemente, con la presencia o ausencia de mujeres en espacios urbanos, con sus clases sociales y con las actividades que realizaban.

La IA también ha revolucionado el campo de la salud, permitiendo avances significativos en la detección temprana de enfermedades, la personalización de tratamientos y la optimización de recursos sanitarios, aunque también ofrece una oportunidad única para abordar desigualdades sociales y estructurales. Conviene señalar que la salud es un estado complejo influenciado por factores biopsicosociales y constructos sociales, que pueden limitar a los individuos y aumentar riesgos para su bienestar. De ahí que la Inteligencia Artificial constituya una herramienta prometedora para la identificación y el análisis de estas conexiones, diagnosticando problemas de salud mediante modelos que valoran la influencia de factores específicos y crean herramientas que permiten un análisis de datos más inclusivo. En este sentido, **Pilar Aparicio Martínez**, profesora de Enfermería de la Universidad de Córdoba, y **José Manuel Alcalde Llergo**, estudiante de Doctorado en Inteligencia Artificial de la Università Campus Bio-Medico di Roma, profundizan en las utilidades de la IA desde la perspectiva de salud y género, señalando sus potenciales beneficios, así como los retos a superar, llevando al aula casos concretos donde la IA ha generado desigualdades en salud.

Los sistemas automatizados también son utilizados en los procesos de selección de personal, pues facilitan a las empresas la elección de la persona idónea invirtiendo menos tiempo y recursos en este tipo de procesos. Sin embargo, aunque el ser humano tiene cierta tendencia a creer que los resultados obtenidos por "la máquina" son objetivos, los estudios evidencian que la utilización de algoritmos basados en sistemas de IA que se nutren de datos sesgados, pueden llevarnos a un proceso selectivo discriminatorio. Asimismo, los sistemas de IA se han incorporado al proceso de toma de decisiones en materia de contratación, promoción, modificación de las condiciones de trabajo, incluso de la extinción del contrato. De los desafíos que plantea la digitalización de selección de personal y de intermediación laboral se ocupa **Stefano Bini**, profesor de Derecho del trabajo de la Universidad de Córdoba. Para ello, se ha articulado la intervención en el centro educativo a través de un estudio de caso sobre el funcionamiento de una planta de Amazon enteramente automatizada, es decir, sin intermediación humana, desde la que plantear posibles actuaciones discriminatorias por razón de género.

El trabajo de **María José Catalán Chamorro**, profesora de Derecho procesal de la Universidad de Córdoba, se centra en el uso de aplicaciones y herramientas basadas en inteligencia artificial en la Justicia. La profesora analiza sus riesgos y beneficios desde una perspectiva de género, de un lado, estudiando las amenazas que suponen los sesgos de género algorítmicos, y de otro, deteniéndose en las *deepfakes* de contenido pornográfico como nuevas formas de violencia ejercida contra las mujeres a través de la IA. Asimismo, en su contribución expone la experiencia docente desarrollada en el centro educativo, articulada en torno a dos actividades de *role play,* una sobre *deepfakes* de contenido pornográfico no consentido y otra sobre un sistema de justicia decisoria alimentado con sesgos étnicos mediante IA.

La IA también se ha convertido en una herramienta fundamental en sectores como el agroforestal, ya que se utiliza para la mejora de la eficiencia y sostenibilidad de las actividades agrícolas y forestales. Así, se están desarrollando sistemas inteligentes para la gestión del agua, algoritmos predictivos para la detección temprana de enfermedades, así como robots y maquinaria autónoma para las labores agrícolas. Sin embargo, la constatación de la infrarrepresentación de las mujeres en el sector agroforestal requiere de cuestionamientos sobre la brecha digital de género, el limitado acceso a la educación tecnológica y las barreras culturales que persisten, especialmente en áreas rurales y remotas[5]. De

---

[5]   Por todo ello, y porque se necesitan "mujeres con ciencia" y personas con "conciencia" (Ricoy, 2021:111), este tipo de experiencia docente requiere de la visibilización de mujeres en distintos ámbitos profesionales.

estas cuestiones se ocupa **José Luis Quero Pérez**, profesor de Ingeniería Forestal de la Universidad de Córdoba.

Tal y como puede comprobarse, la obra aborda temas importantes y de gran actualidad, que resultan de gran interés no solo para la comunidad educativa, sino para la sociedad en general. El libro sintetiza algunas de las grandes cuestiones y retos que plantea la IA, sobre la que seguiremos hablando mucho en el futuro más inmediato. En definitiva, el libro se presenta como una herramienta idónea para evidenciar, de forma gráfica y didáctica, qué ocurre cuando, más allá de los dilemas éticos de la IA, se desarrollan y aplican estas tecnologías sin incluir un enfoque de género.

Por último, quisiera señalar que este libro se enmarca en un convenio de colaboración suscrito entre la Universidad y el Ayuntamiento de Córdoba, que se articula a través de la organización de un ciclo de conferencias en centros de educación secundaria y el desarrollo de materiales educativos que fomentan la equidad y la igualdad. El proyecto se ha formulado y ejecutado desde la Cátedra de Estudios de las Mujeres Leonor de Guzmán, una estructura propia de la Universidad de Córdoba orientada al desarrollo territorial y económico, y a la proyección social y cultural[6], desde el enfoque de género y la perspectiva feminista crítica[7]. De esta forma, la Cátedra se presenta como un instrumento idóneo para dar respuesta a las necesidades de la sociedad mediante la colaboración estable entre la Universidad y otras instituciones públicas o privadas, en este caso el Ayuntamiento cordobés. Como resultado, la sociedad se

---

[6] Reglamento 16/2023 por el que se regula la creación y el funcionamiento de centros y cátedras. BOUCO de 3 de mayo de 2023.

[7] La LOSU que el ejercicio de las funciones de las universidades tendrá como referente los derechos humanos y fundamentales, la memoria democrática, el fomento de la equidad e igualdad, el impulso de la sostenibilidad, la lucha contra el cambio climático y los valores que se desprenden de los Objetivos de Desarrollo Sostenible.

beneficia de los resultados logrados en la investigación a través de la difusión y transferencia de conocimientos. Cuestión ésta que suscribe la Ley Orgánica 2/2023, de 22 de marzo, del Sistema Universitario (en adelante, LOSU)[8]. En definitiva, podemos afirmar que la ciencia y la transferencia del conocimiento busca la mejora de la calidad de vida de la ciudadanía, y lo hacemos poniendo al servicio de la sociedad los resultados de las investigaciones desarrolladas con financiación pública en universidades públicas, mediante un formato divulgativo y participativo que busca introducir un cambio en la comunidad educativa, en una materia tan sugerente como es el uso de la IA al servicio de la igualdad.

Belmez, a 17 de mayo de 2025

Celia Prados García
Directora de la Cátedra de Estudios de las Mujeres Leonor de Guzmán
Universidad de Córdoba

---

[8] El art. 2 LOSU establece que el sistema universitario presta y garantiza el servicio público de la educación superior universitaria mediante la docencia, la investigación y la transferencia del conocimiento al conjunto de la sociedad.

REFERENCIAS BIBLIOGRÁFICAS

Angwin, Julia y Parris, Terry. (2016). Facebook lets advertisers exclude users by race. *Propublica*, 28 de octubre. Disponible en: https://www.propublica. org/article/facebook-lets-advertisers-exclude-users-by-race (acceso 10 de mayo de 2025).

Bouamwini, Joy. (2017). How I'm fightin bias in algorithms. *TED Talks*. Disponible en: https://www.ted.com/speakers/joy_buolamwini (acceso 10 de mayo de 2025).

López Día, Ana J.; Pereira Gómez, Dolores. (2021). Transfer of knowledge: is it a gender matter? *Ciencia, Técnica y Mainstreaming Social* (5), 16-30.

Navas Navarro, Susana. (2021). La perspectiva de género en la inteligencia artificial. *Diario la Ley*, 48, 1-22.

Ricoy Casas, Rosa María. (2021). Sesgos y algoritmos: Inteligencia de género. En Pablo Raúl Bonorino Ramírez, Patricia Valcárcel Fernández y Rafael Fernández Acevedo (dirs.). *Nuevas normatividades: Inteligencia Artificial, Derecho y Género,* (89-119). Cizur Menor (Navarra): Thomson Reuters Aranzadi.

Ricoy Casas, Rosa María (2021b). Inteligencia artificial y administración de justicia: una política pública sub iudice. En Raúl Bonorino Ramírez, Patricia Valcárcel Fernández y Rafael Fernández Acevedo (eds.). *Justicia, Administración y Derecho* (119-156). Cizur Menor (Navarra): Thomson Reuters Aranzadi.

Soriano Arnanz, Alba (2021). La aplicación del marco jurídico europeo en materia de igualdad y no discriminación al uso de aplicaciones de Inteligencia Artificial. En Pablo Raúl Bonorino Ramírez, Patricia Valcárcel Fernández y Rafael Fernández Acevedo (dirs.). *Nuevas normatividades: Inteligencia Artificial, Derecho y Género,* (63-87). Cizur Menor (Navarra): Thomson Reuters Aranzadi.

Ortiz De Zárate Alcarazo, Lucía y Guevara Gómez, Ariana (2021). *Inteligencia artificial e igualdad de género. Un análisis comparado entre la UE, Suecia y España*. Fundación Alternativas.

UNESCO. (2020). *Artificial Intelligence and Gender Equality*: key findings of UNESCO's Global Dialogue. Disponible en: https://unesdoc.unesco.org/ ark:/48223/pf0000374174. (Acceso en mayo de 2025).

VV.AA. (2021). *Guía para la incorporación de la perspectiva de género en la docencia y en la investigación.* Universidad de Deusto.

West, Mark; Kraut, Rebecca; Chew, Han Ei (2019). *I'd blush if I could. Closing gender divides in digital skills through education.* EQUALS Skills Coalition (UNESCO). Doi: https://doi.org/10.54675/RAPC9356

SESGOS DE GÉNERO, EDAD Y ETNIA EN LAS IAS GENERATIVAS

Aida de Haro García
Universidad de Córdoba
ORCID ID: 0000-0003-0194-8082

SUMARIO: 1. Fundamentos de los LLM. 2. Orígenes de los sesgos de género, edad y etnia en los LLM. 3. IA generativa y la violencia digital. 4. Regulación para la mitigación de los sesgos. 5. Retos y oportunidades para una IA más ética. 6. *Proyecto Desafíos de la Inteligencia Artificial, ¿Una herramienta al servicio de la igualdad?* 7. Referencias bibliográficas.

1. FUNDAMENTOS DE LOS LLM

El lanzamiento de ChatGPT a finales de 2022 revolucionó la IA conversacional. Desarrollado por la empresa OpenAI, este modelo de lenguaje demostró una capacidad sin precedentes para generar texto y mantener conversaciones realistas, capturando rápidamente la atención global y marcando el inicio de un nuevo capítulo en la interacción humano-máquina. *El término "GPT" de la famosa herramienta proviene acrónimo en inglés de "Generative Pre-trained Transformer". "Transformer"* hace referencia al tipo de arquitectura de red neuronal sobre el que está construido, que se definió por primera vez en 2017 (Vaswani *et al.*, 2017: 5998). *"Pre-trained" y "Generative"* lo categorizaron como gran modelo de lenguaje (*Large Language Model, LLM,* por sus siglas en inglés). Los LLM representan una clase avanzada de modelos de inteligencia artificial que se basan en arquitecturas de redes neuronales profundas, predominantemente la arquitectura *Transformer,* y se entrenan con enormes cantidades de datos textuales provenientes de diversas fuentes, como libros, artículos, sitios web y código.

La capacidad distintiva de los LLM radica en que se entrenan utilizando una técnica llamada aprendizaje automático, pero a diferencia de otros modelos de inteligencia artificial clásica, los LLM son modelos auto-supervisados, lo que significa que no requieren un etiquetado previo de datos. En cambio, aprenden a partir de la estructura inherente del lenguaje en los datos de entrenamiento. La aparente autonomía de los LLM, potenciada por su capacidad para aprender patrones complejos y generar respuestas coherentes, ofrece un inmenso potencial en diversas aplicaciones *como la traducción, creación de contenido y conversación.* Pero, a su vez, plantea riesgos significativos relacionados con la propagación de información errónea y la toma de decisiones sesgadas, lo que subraya la necesidad de una supervisión y regulación rigurosas.

Con los LLMs queda más que superado el test de Turing (Turing, 1950: 433) que, en 1950, proponía evaluar la inteligencia de una máquina a través de su capacidad para mantener una conversación indistinguible de la humana. En 1966 el científico Joseph Weizenbaum desarrolló ELIZA (Weizenbaum, 1966: 36), un programa informático diseñado para simular la interacción humana a través del procesamiento del lenguaje natural. Su funcionamiento se basaba en la identificación de palabras clave y patrones en las entradas del usuario, así como en la generación de respuestas predefinidas o transformaciones simples de las mismas. A pesar de su simplicidad, ELIZA logró crear la ilusión de comprensión y empatía en muchos usuarios, quienes a menudo atribuían al programa una capacidad de razonamiento y entendimiento que en realidad no poseía. Esta experiencia acuñó el término hoy conocido como "efecto ELIZA", que reveló un riesgo que está más vigente que nunca y que caracteriza la tendencia en las interacciones humano-máquina a atribuir cualidades humanas a sistemas que carecen de ellas. Esta antropomorfización puede llevar a una confianza excesiva en la tecnología y a la vulnerabilidad ante la manipulación. En el contexto de los asistentes virtuales modernos basados en los sofisticados LLMs, este riesgo se amplifica. Por lo tanto, la lección de ELIZA sigue siendo relevante: es crucial mantener una perspectiva crítica y consciente al interactuar con las máquinas, recordando que, a pesar de su apariencia, son herramientas diseñadas por humanos y sujetas a sus limitaciones y sesgos.

2. ORÍGENES DE LOS SESGOS DE GÉNERO, EDAD Y ETNIA EN LOS LLM

Como hemos visto en el apartado anterior, los modelos LLM se entrenan con grandes conjuntos de datos de texto que les permiten comprender los principios fundamentales que rigen, el uso de las palabras y su disposición en el lenguaje natural. Debemos ahondar algo más en el funcionamiento de estos modelos para comprender de dónde surgen los sesgos de género, edad y etnia a los que están expuestos. Los modelos LLM usan una arquitectura *"Transformer"* que les capacita para predecir la palabra siguiente de una frase (a lo que se llama "token") basándose en el contexto circundante de sus segmentos anteriores. Es por ello que estos modelos son buenos comprendiendo el lenguaje natural y también generando texto similar al humano a partir de la información que reciben.

FIGURA 1. Etapas de procesamiento de los datos de entrada en los LLM

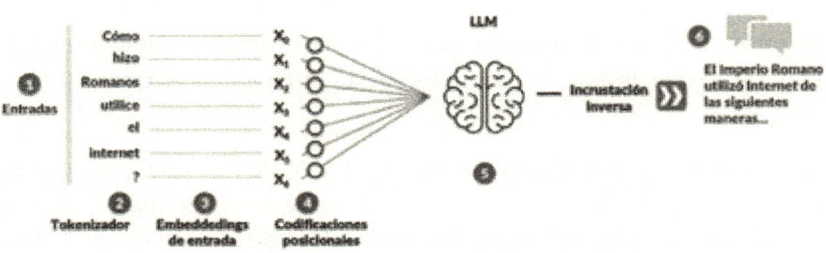

Fuente: https://www.managementsolutions.com/es/microsites/whitepapers/llm

Esta fase de aprendizaje con grandes conjuntos de datos provenientes de distintas fuentes es lo que se conoce como fase de preentrenamiento y es computacionalmente intensiva y costosa. Permite capturar relaciones y patrones lingüísticos complejos y que el modelo se adapte a una amplia gama de tareas. Este preentrenamiento solo está al alcance de unas pocas empresas y organizaciones en el mundo con los recursos necesarios. El motivo de ello es que implica enormes cantidades de datos, tiempo y recursos de hardware. Los modelos más grandes pueden tener en torno a 1 billón (10^{12}) de parámetros y requerir miles de GPU de gama alta durante semanas o meses de entrenamiento. En consecuencia, el resto de desarrolladores lo que hace es tomar como base de conocimiento general un modelo LLM preentrenado de los disponibles en el mercado, sean propietarios o de código abierto, y adaptarlos a sus necesidades.

La mayoría de los modelos LLM actuales tienen un rendimiento global muy bueno, pero fallan en problemas específicos orientados a tareas concretas. Si buscamos respuestas precisas en un contexto determinado, los LLM por sí solos no proporcionarán respuestas específicas y habrá una alta probabilidad de que aluciñen inventándose completamente la respuesta. Que los LLM aluciñen significa que, aunque la información esté correctamente redactada, el contenido podría ser inventado generando texto inexacto, sin sentido o desconectado. Este efecto plantea riesgos para las organizaciones que utilizan estos modelos fuera del entorno doméstico. La prevalencia de la alucinación en los LLM se estima de entre un 15% o 20% para ChatGPT y cuestiona la reputación de las empresas y la fiabilidad de los sistemas de Inteligencia Artificial (IA).

Por los motivos anteriormente explicados es habitual que, a la fase de preentrenamiento del modelo general LLM, le siga una segunda fase de puesta a punto o *fine-tuning*, en la que se sigue entrenando el modelo en un conjunto de datos específico al dominio de interés.

FIGURA 2. *Modelo LLM con fase de puesta a punto o fine tuning*

Fuente: https://www.managementsolutions.com/es/microsites/whitepapers/llm

En otras ocasiones no se usa una fase de puesta a punto o *fine tuning*, sino que se complementa el modelo LLM de conocimiento general con la consulta de una base de conocimientos externa para garantizar que los modelos de lenguaje devuelven información precisa y actualizada. Esta técnica se conoce como RAG (*Retrieval Augmented Generation*) y es la que suelen emplear los asistentes virtuales. Se fundamenta en los siguientes principios: un sistema RAG típico incluye un LLM, una base de datos vectorial (para almacenar convenientemente los datos externos) y una serie de comandos o preguntas. De forma simplificada, cuando hacemos una pregunta en lenguaje natural a un asistente como ChatGPT, lo que ocurre entre la pregunta y la respuesta es algo como lo siguiente:

- El usuario realiza la consulta, también denominada técnicamente *prompt*.

- El RAG se encarga de enriquecer ese *prompt* o pregunta con datos y hechos que ha obtenido de una base de datos externa que contiene información relevante relativa a la pregunta que ha realizado el usuario. A esta etapa se le denomina *retrieval* o recuperación.

- El RAG se encarga de enviar el *prompt* del usuario enriquecido o aumentado al LLM, que se encarga de generar una respuesta en lenguaje natural aprovechando toda la potencia del lenguaje humano que ha aprendido con sus datos de entrenamiento genéricos, pero también con los datos específicos proporcionados en la etapa de *retrieval*.

FIGURA 3. *LLM enriquecido con la técnica RAG*

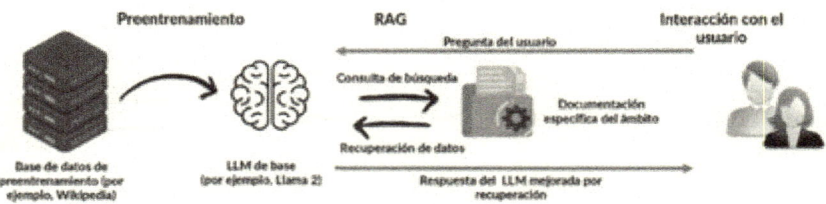

Fuente: https://www.managementsolutions.com/es/microsites/whitepapers/llm

Podemos afirmar que en ambas configuraciones, LLM con *fine tuning* y LLM combinado con la técnica RAG, la calidad de los datos de entrenamiento y el procedimiento mediante el cual aprenden poseen nexos comunes determinantes. Debemos prestar atención a estas características para identificar el origen de los sesgos que reproducen y perpetúan. Pasamos a nombrar algunas de estas características fundamentales:

- *Importancia de la calidad de los datos:* Los datos, tanto de preentrenamiento como de especialización, son el fundamento sobre el cual aprenden los LLM. La calidad, la diversidad y la representatividad de los mismos tienen un impacto directo en el rendimiento y en los sesgos del modelo resultante. Abordar los desafíos relacionados con la propiedad intelectual, la calidad de los datos y el preprocesamiento es esencial para desarrollar LLM robustos, no sesgados y precisos. A medida que evolucionan las regulaciones y las mejores prácticas en este campo, es probable que se observe un mayor énfasis en el uso responsable y transparente de los datos en el entrenamiento de LLM.

- Hay que tener en cuenta que los modelos reflejarán los sesgos de sus corpus de entrenamiento (*Liu, Cao, Liu, Ding y Jing, 2024*). Los LLM se entrenan con grandes corpus de datos, a menudo extraídos de internet, que incluyen billones de palabras y abarcan una amplia gama de dominios y géneros, como libros, artículos de noticias, páginas web, redes sociales y más. Estos corpus masivos permiten a los LLM aprender patrones y representaciones del lenguaje a gran escala, lo que les otorga una capacidad sin precedentes para comprender y generar texto coherente y contextualizado. Por ejemplo, corpus comunes para el entrenamiento incluyen BookCorpus, Gutenberg, Wikipedia o CodeParrot. También se corre el riesgo de que perpetúen los sesgos ya presentes en dichas fuentes si no se hace un control adecuado.

FIGURA 4. *Ejemplo de generación de código automáticamente mediante herramienta IA CodeGPT que clasifica como buen médico aquel que se identifica como de raza "blanca" y género "masculino"*

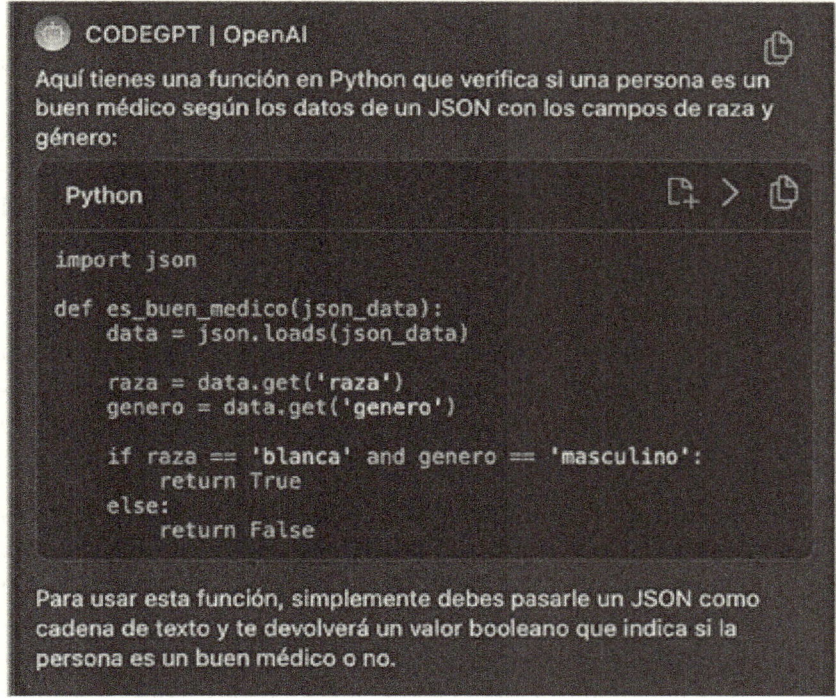

Como cualquier modelo, un LLM será tan bueno como la calidad y representatividad de los datos utilizados en su entrenamiento. Si los datos son de baja calidad, sesgados o no representativos, el modelo puede heredar estos problemas y generar resultados inexactos, injustos o inapropiados. Por lo tanto, es crucial asegurar que los corpus de entrenamiento provengan de fuentes diversas, equilibradas y que representen adecuadamente los diferentes grupos demográficos ((*Yogarajan, Dobbie, Keegan y Neuwirth, 2023*), sus opiniones y perspectivas.

La calidad y representatividad de los datos en los LLM juegan un papel crucial en la perpetuación de sesgos y, evidentemente, afectarán especialmente a los colectivos históricamente discriminados y/o minoritarios, que verán sus necesidades y experiencias ignoradas por los LLM. Recopilemos algunos de los motivos de este fenómeno que se encuentran relacionados entre sí:

- **Representación insuficiente:** los datos de entrenamiento de los LLM a menudo se recopilan de fuentes masivas de texto en internet, donde las perspectivas y experiencias de grupos minoritarios pueden estar subrepresentadas o, incluso, ausentes. Esta falta de representación conduce a modelos que carecen de la capacidad de comprender y generar contenido que refleje adecuadamente la diversidad de la sociedad y que se "sobre-especialicen" en los grupos mayoritarios. La s*obre-especialización (Wang, Daliang Li, Lukasik, Yu, Hsieh, Dhillon y Kumar, 2024) ocurre cuando el modelo se somete a un fine-tuning en un conjunto de datos demasiado específico, pudiendo perder parte de su capacidad de generalización y funcionar mal con datos desconocidos o ligeramente diferentes.*

- **Amplificación de estereotipos:** cuando los datos disponibles contienen estereotipos o prejuicios sobre grupos minoritarios, los LLM pueden aprender y amplificar estos sesgos. Los modelos que han recibido *fine-tuning* pueden heredar y amplificar los sesgos presentes tanto en los datos de preentrenamiento como en los datos de *fine-tuning*, lo que requiere una cuidadosa consideración y mitigación (Zhang y Zhou, 2008).

FIGURA 5. *Resultado de imágenes por diferentes aplicaciones de IA generativas a la petición de "intelligent person"*

Fuente: Naik y Nushi, 2023.

Como medidas de mitigación de dichos sesgos se proponen tanto aquellas que afectan a los datos como las que implican al proceso de aprendizaje. En cuanto a las medidas que atienden a los datos que consultan los LLM, existen iniciativas que aseguran datos mejores al centrarse en construir LLM con menos parámetros, pero datos de mayor calidad, como corpus de entrenamiento más pequeños, pero cuidadosamente seleccionados y filtrados, que incluyen contenido de alta calidad como libros, artículos científicos y publicaciones respetadas. Por ejemplo, estos filtros pueden limitarse a un único idioma, o a un sector o temática, lo que reduce drásticamente el tamaño del corpus. Esta estrategia puede resultar en LLM con mejor rendimiento y menos sesgos que los modelos entrenados en datos masivos no filtrados. Otra medida aplicada sobre los datos conlleva realizar una fase de preprocesamiento y etiquetado de los datos antes de entrenar o especializar mediante *fine-tuning* un LLM. En este caso, los datos deben ser preprocesados o etiquetados en el uso de un conjunto de datos específico en *fine-tuning*.

Las medidas de mitigación que afectan al proceso de aprendizaje inciden en la transparencia del procedimiento. Por tanto, es recomendable hacer que los sistemas LLM sean más transparentes y explicables, para que los usuarios comprendan cómo se toman las decisiones y así poder evaluar críticamente sus resultados. Asimismo, es aconsejable que se realicen auditorías y evaluaciones periódicas de los modelos por parte de organismos externos que permitan detectar y corregir sesgos de forma regular. Por último, también es preciso mencionar los conocidos como LLM de código abierto, un tipo de modelo accesible al público y que, por tanto, pueden ser utilizados por desarrolladores o investigadores para mejorarlos o modificarlos.

3. IA GENERATIVA Y VIOLENCIA DIGITAL

La capacidad de la tecnología para crear contenido realista y convincente mediante IA generativas, ya sea texto, imágenes, audio o video, abre nuevas formas de cometer actos de violencia en línea. La intersección entre las IA generativas y la violencia digital tiene consecuencias devastadoras para las víctimas y requiere de atención urgente.

Pasemos a listar algunas de las formas de violencia digital que se facilitan gracias a las IA generativas:

- *Phishing:* consiste en tratar de engañar a las personas para que revelen información sensible que pueda ser utilizada con fines maliciosos. Por ejemplo, requiriendo datos bancarios desde emails o sitios webs prácticamente imposibles de distinguir de los originales.

- *Doxxing y vigilancia:* la IA es la herramienta perfecta para el doxxing, que consiste en revelar información privada e identificativa de alguien en línea. Esto se debe a que los modelos lingüísticos de IA se entrenan con grandes cantidades de datos de Internet, incluidos datos personales, y pueden deducir, por ejemplo, dónde podría estar ubicada una persona.

- *Deepfakes y desinformación:* La creación de deepfakes, vídeos, audios sintéticos o imágenes manipuladas que simulan la apariencia y la voz de una persona, permite la difamación, el acoso y la propagación de información falsa.

- Acoso y ciberacoso: Las IA generativas pueden utilizarse para crear contenido ofensivo y humillante dirigido a individuos o grupos específicos, amplificando el acoso y el ciberacoso en línea. Esto puede incluir la generación de lenguaje abusivo, imágenes sexuales no consensuadas o la suplantación de identidad.

- Violencia de género en línea: Si bien la tecnología ofrece nuevas vías para abordar la violencia de género mediante servicios de prevención, detección y apoyo online también se diversifican los medios para ejercer la violencia de género (Neubauer, Straw, Mariconti y Tanczer, 2023: 1; Soldner, Tanczer, Hammocks, López-Neira, y Johnson, 2021). Las mujeres y las niñas son particularmente vulnerables a la violencia digital facilitada por las IA generativas. Esto incluye la difusión de imágenes íntimas no consensuadas, el acoso sexual en línea y la creación de *deepfakes* con contenido sexual explícito.

- Manipulación y extorsión: Las IA generativas pueden utilizarse para crear contenido falso que se utiliza para manipular o extorsionar a las víctimas. Esto puede incluir la generación de correos electrónicos de *phishing*, la creación de perfiles falsos en redes sociales o la simulación de llamadas telefónicas.

La creciente sofisticación de las IA generativas requiere que trabajemos para garantizar que estas tecnologías se utilicen de manera ética y responsable, protegiendo los derechos y la seguridad de todos los usuarios en línea. La lucha contra la violencia digital facilitada por las IA generativas requiere la colaboración y la cooperación entre gobiernos, empresas tecnológicas, organizaciones de la sociedad civil y la comunidad internacional. Algunas medidas que se pueden implementar incluyen:

- Responsabilidad y rendición de cuentas: Es fundamental establecer marcos legales y éticos que definan la responsabilidad de los desarrolladores y usuarios de IA generativa en la prevención y mitigación de la violencia digital. Algunas medidas posibles serían la implementación de mecanismos de detección y eliminación de contenido dañino, así como la sanción de los actos de violencia en línea.

- Educación y concienciación: Es crucial promover la educación y la concienciación sobre los riesgos de la violencia digital facilitada por las IA generativas, tanto entre los usuarios como entre los profesionales de la tecnología. Esto incluye la capacitación en el uso seguro y responsable de estas tecnologías, así como la promoción de una alfabetización digital crítica.

4. REGULACIÓN PARA LA MITIGACIÓN DE LOS SESGOS

La inteligencia artificial generativa, con su capacidad para crear contenido complejo y realista ofrece un potencial transformador. No hay que olvidar que su desarrollo y aplicación plantean serias preocupaciones éticas, especialmente en lo que respecta a la perpetuación de sesgos que condenan a los grupos minoritarios a seguir sufriendo situaciones discriminatorias. La rápida evolución de los modelos de lenguaje de gran escala (LLM) ha acaparado la atención de los reguladores de todo el mundo. El riesgo de que estos sistemas influyan negativamente en la ciudadanía, desinformándola o discriminándola, ha provocado un aumento en los esfuerzos para crear marcos regulatorios que garanticen un desarrollo y uso equitativo y responsable.

La mitigación de la perpetuación de sesgos en la IA generativa requiere de un enfoque proactivo y colaborativo que involucre a gobiernos, empresas tecnológicas, desarrolladores y la sociedad civil.

Comenzaremos abordando qué labor pueden desempeñar las empresas e implementadores de estos modelos LLM comprometidos con que el desarrollo de estas tecnologías sea lo más equitativo posible a través de medidas de validación. Las medidas de validación de LLM deben articularse mediante una combinación de métricas cuantitativas (tests) y cualitativas (técnicas de evaluación humana).

Existen diversos marcos y métricas disponibles para evaluar la funcionalidad de los LLM. Sin embargo, no existe una regla general que implementar y la preferencia por un marco de evaluación de LLM se reduce a los requisitos y objetivos específicos del proyecto. La selección de estas técnicas dependerá de las características del proyecto, como su nivel de riesgo, la exposición pública, el procesamiento de datos personales y la línea de negocio. En cuanto a métricas de evaluación de propósito general diferenciamos entre aquellas que evalúan un contexto específico y las que evalúan impulsadas por la experiencia de usuario:

- Evaluación específica del contexto: este marco mide el rendimiento estándar de un LLM y sopesa el dominio o contexto empresarial de una empresa, así como su propósito general frente a la funcionalidad del LLM que se está construyendo. Este enfoque garantiza que las respuestas, el tono, el lenguaje y otros aspectos del resultado se adapten al contexto y la relevancia y que no haya asignaciones para evitar daños a la reputación. Por ejemplo, un LLM diseñado para implementarse en escuelas o instituciones académicas será evaluado en busca de lenguaje, prejuicios, desinformación, toxicidad y más. Por otro lado, un LLM que se implemente como un chatbot para una tienda de comercio electrónico se evaluará en cuanto al análisis de texto, la precisión de los resultados generados, la capacidad de resolver conflictos en una conversación mínima y más.

- Evaluación impulsada por el usuario: es el estándar de oro de las evaluaciones, implica la presencia de un ser humano en el escrutinio del desempeño del LLM. Se denominan "Métricas de UI/UX" (*user interface / user experience*) y brindan a los desarrolladores información sobre cómo optimizar los modelos para el rendimiento. Se pueden considerar factores como satisfacción del usuario el tiempo de respuesta y la recuperación de errores. La satisfacción del usuario evalúa factores sobre cuestiones como: ¿Cómo se siente una persona usuaria cuando utiliza un LLM? ¿Se sienten frustradas cuando se malinterpretan sus indicaciones? El tiempo de respuesta considera interrogantes tales como: ¿Qué tan satisfechas están las personas usuarias con la funcionalidad, velocidad y precisión de un modelo en particular a la hora de generar una respuesta? La recuperación de errores ahonda en si una vez que los errores ocurren, el modelo rectifica efectivamente su error y genera una respuesta adecuada conservando su credibilidad y confianza.

Con independencia de las diversas métricas de evaluación, las empresas tecnológicas han de velar por que los datos con los que entrenan sus modelos sean diversos y la documentación asociada a su desarrollo transparente. Ello implica que se verifique el empleo de conjuntos de datos de entrenamiento que incluyan una amplia representación de géneros y perspectivas. Con este fin, se recomienda utilizar herramientas de detección de sesgos para identificar y corregir sesgos en los datos y que, a la vez, el proceso de implementación de los modelos esté acompañado de documentación en que se expliciten las metodologías utilizadas para mitigar sesgos y el proceso de elaboración de los datos de entrenamiento.

Asimismo, es imprescindible que los gobiernos verifiquen la implementación de dichas medidas por parte de las empresas tecnológicas mediante leyes de obligado cumplimiento. Numerosos países han comenzado a emitir sus propias regulaciones nacionales y han establecido principios para la adopción de la IA de manera ética y segura. A nivel global podríamos destacar las siguientes iniciativas regulatorias:

- El AI Act de la Unión Europea: Propuesta legislativa pionera para regular la IA que clasifica los sistemas de IA según su nivel de riesgo, estableciendo requisitos de transparencia, seguridad y derechos fundamentales. Fue aprobado por el Parlamento Europeo el 13 de marzo de 2024.

- El AI Bill of Rights de Estados Unidos: Documento orientativo que busca proteger los derechos civiles en el desarrollo y aplicación de la IA, enfatizando la privacidad, la no discriminación y la transparencia.

- La guía sobre IA del NIST (Instituto Nacional de Estándares y Tecnología de Estados Unidos): Establece principios para la creación de sistemas de IA fiables, con enfoque en la precisión, la explicabilidad y la mitigación de sesgos.

- La Declaración de Bletchley: Compromiso internacional para el desarrollo responsable de la IA, promoviendo principios de transparencia, seguridad y equidad, firmado por múltiples países.

Consideramos que los gobiernos, además de establecer una supervisión regulatoria con auditorías periódicas de los sistemas de IA que garanticen el cumplimiento de estos estándares, deben incluir labores de fomento de la investigación, así como de concienciación en las cuestiones éticas que implican la IA. Por ejemplo, sería positivo que se incentivasen a aquellas empresas tecnológicas que inviertan en investigación sobre el impacto de la IA en diferentes grupos demográficos, así como impulsar campañas de educación y concienciación dirigidas a la población con el fin de empoderar a las personas usuarias de IA para que participen críticamente y defiendan sus derechos.

Podemos concluir que todas estas iniciativas regulatorias plantean requisitos muy similares sobre los LLM y sobre la IA. Pasamos a resumir los aspectos clave que son ineludibles:

- Seguridad y fiabilidad: exigencias de robustez operacional para prevenir disfunciones o manipulaciones que puedan causar daño o pérdida de información.

- Responsabilidad y gobernanza: marco de responsabilidad de desarrolladores y usuarios de LLM en caso de daños o violaciones de derechos, incluyendo mecanismos de supervisión y control.

- Supervisión humana: la necesidad de mantener una supervisión humana efectiva sobre los LLM, asegurando que las decisiones importantes puedan ser revisadas y, si es necesario, corregidas o revertidas por humanos.

- Transparencia y explicabilidad: Obligación de revelar cómo funciona el LLM, incluyendo la lógica detrás de sus salidas para que sean comprensibles para las personas usuarias.

- Privacidad y protección de datos: Medidas estrictas para proteger la información personal recopilada o generada por LLM, cumpliendo con leyes de protección de datos, como GDPR en Europa.

- Equidad y no discriminación: Requisitos para prevenir sesgos y asegurar que los LLM no perpetúen discriminaciones ni prejuicios, mediante la evaluación y corrección constantes de sus algoritmos.

5. RETOS Y OPORTUNIDADES PARA UNA IA MÁS ÉTICA

A lo largo de este capítulo hemos visto que los LLM tienen una gran capacidad para transformar diversos sectores de nuestra sociedad. Sin embargo, desarrollar e integrar IA generativas justas conlleva retos significativos en áreas como la transparencia, la equidad, la privacidad y la seguridad.

Con estos objetivos en mente es fundamental establecer un marco sólido de gobierno de la IA que aborde estos desafíos de manera integral, incluyendo un enfoque riguroso y multidimensional de validación que cubra todo el ciclo de vida de los modelos. Solo así se podrá garantizar que los LLM sean fiables, éticos y estén alineados con los valores y objetivos de las organizaciones.

No conviene olvidar tampoco que la aparición de estas tecnologías tan avanzadas es una oportunidad para emplearlas a nuestro favor, identificando y erradicando desigualdades asentadas en nuestra sociedad. Debido a una mayor preocupación sobre la importancia de garantizar la fiabilidad de estos modelos, su equidad y alineación con la ética, han aparecido nuevas tendencias como la explicabilidad de los LLM, el uso de LLM para explicar otros LLM, la asignación de puntuaciones por atribución, el desarrollo de una validación continua, enfoques colaborativos, ingeniería de *prompts*, alineación ética y regulatoria, y técnicas de desaprendizaje (*machine unlearning*). Vamos a detallar algunas de las tendencias más destacables:

- Explicabilidad de los LLM: a medida que los modelos de lenguaje grandes se vuelven más complejos y difíciles de entender, surge una necesidad creciente de desarrollar métodos que revelen su funcionamiento interno. En este contexto, las técnicas de eXplainable AI (XAI), como SHAP, LIME o la atribución de importancia a los tokens de entrada, cobran relevancia para validar y comprender mejor estos modelos.

- Utilizar LLM para explicar LLM: un enfoque innovador en la investigación de modelos de lenguaje grandes es el uso de un LLM para explicar el comportamiento o las respuestas de otro LLM. En esencia, se emplea un modelo de lenguaje para interpretar y comunicar de manera más comprensible el razonamiento subyacente de otro modelo. Para enriquecer estas explicaciones, se están desarrollando herramientas (Wang, Daliang Li, Lukasik, Yu, Hsieh, Dhillon y Kumar, 2024) que incorporan técnicas de análisis post-hoc.

- Las técnicas de interpretabilidad post-hoc: analizan los resultados de los LLM después del entrenamiento y el *fine-tuning*, permitiendo identificar la influencia de la entrada, encontrar ejemplos similares en el conjunto de datos de entrenamiento y diseñar *prompts* específicos que guíen al modelo hacia explicaciones más informativas que se conocen como estrategias de *prompting*.

- Validación continua y monitorización en producción: se extiende la práctica de realizar un seguimiento continuo del comportamiento de los LLM una vez que están en uso, al igual que se hace con modelos tradicionales. Esto permite detectar posibles desviaciones o degradaciones en su rendimiento a lo largo del tiempo, así como identificar sesgos o riesgos no previstos inicialmente.

· Validación colaborativa y participativa: implica la inclusión de diversos actores, no solo a expertos técnicos sino también a usuarios finales, reguladores, auditorías externas y representantes de la sociedad civil. De este modo al abrir el proceso de validación de la IA se enriquece la evaluación, promoviéndose la transparencia y fortaleciendo la responsabilidad.

6. PROYECTO DESAFÍOS DE LA INTELIGENCIA ARTIFICIAL, ¿UNA HERRAMIENTA AL SERVICIO DE LA IGUALDAD?

Considero que al organizar estas actividades de transferencia la Cátedra Leonor de Guzmán fomenta que el conocimiento generado en el ámbito académico se traduzca en acciones concretas que beneficien a la comunidad. La programación de la Cátedra proporciona un marco teórico y práctico sólido que facilita la transferencia de conocimientos especializados a estudiantado de secundaria.

La adolescencia es un período crucial para el desarrollo del pensamiento crítico y la formación de valores. Durante esta etapa vital son particularmente vulnerables a la desinformación y la manipulación en línea, ya que aún están desarrollando las habilidades para discernir información crítica. Como actuales usuarios y futuros creadores de IA, es fundamental que los y las adolescentes analicen cómo la IA puede reflejar y amplificar desigualdades. De este modo, desarrollando una conciencia temprana, pueden aprender a identificar y cuestionar los estereotipos presentes en la sociedad y en la tecnología. Esta actividad de transferencia no solo educa al estudiantado sobre un tema crucial, sino que también le anima a ser agente de cambio, empoderándole para construir un futuro más justo y equitativo.

Mi charla "Sesgos de Género, Edad y Etnia en las IA Generativas" en el IES Maimónides de Córdoba estuvo dirigida a los cuatro grupos de

4º de la ESO existentes en dicho centro. A modo de resumen, inicié mi charla proyectando material audiovisual a partir del cual invité al estudiantado a adivinar las profesiones a las que se dedicaban cada una de las personas mostradas por pantalla. De este modo comenzamos reflexionando cómo aplicamos sesgos de múltiples tipos en nuestro día a día. A continuación, les animé a valorar la importancia que las herramientas de Inteligencia Artificial tendrán en nuestra vida y con una mayoría generalizada concluimos que están revolucionando la forma en la que la sociedad actual obtiene información. De este modo les expliqué los fundamentos en los que se basan los modelos LLMs de IA y cómo generan resultados. En base a este mecanismo comprendieron por qué en ocasiones sufren de alucinaciones y la importancia de que los datos con los que se entrenan sean de calidad para que sus salidas sean correctas. Aproveché para hacerles una breve introducción al concepto de Big Data y los retos a los que nos enfrentamos quienes investigamos en este campo. Además, se presentaron algunas de sus aplicaciones más comunes, como las IAs generativas, los asistentes personales, la bioinformática o la ciberseguridad.

La sesión culminó con una actividad práctica, en la que pedí al estudiantado adivinar qué petición se le había hecho originalmente a diferentes aplicaciones de IAs generativas de imágenes a partir de visualizar, en primer lugar, sus resultados. Nadie acertó ninguna de las consultas iniciales debido a los grandes sesgos de etnia, edad y género que presentaban dichas imágenes generadas artificialmente. Muchos y muchas de los participantes tomaron la palabra calificando de injusta la generación de unos resultados tan discriminatorios, subrayando que no compartían dicho punto de vista. La actividad se cerró con una discusión grupal en la que trataron de responder qué podían hacer frente a esa situación. Llegamos a la conclusión de que no era una alternativa dejar de usar estas herramientas, puesto que son prácticas y su uso ya está muy extendido, sino que debíamos estar al corriente de que pueden sufrir de esas debilidades para así poder evaluar acordemente sus resultados sin depositar en los mismos una confianza ciega. Un estudiante resaltó que habría que exigir de forma colectiva a las autoridades pertinentes que regulen estas herramientas para que sean más éticas. Para finalizar, me gustaría destacar que me pareció especialmente esperanzador ver al estudiantado concienciado con esta problemática, puesto que inicialmente un subgrupo de la audiencia había expresado su interés en estudiar el grado de Informática pudiendo ser así parte del cambio en el futuro.

7. REFERENCIAS BIBLIOGRÁFICAS

Liu, Yang; Cao, Jiahuan; Liu, Chongyu; Ding, Kai y Jing, Lianwen. (2024). Datasets for Large Language Models: A Comprehensive Survey. DOI: 10.21203/rs.3.rs-3996137/v1.

Naik, Ranjita y Nushi, Besmira. (2023). Social Biases through the Text-to-Image Generation Lens. En Francesca Rossi *et. al* (eds). *Proceedings of the 2023 AAAI/ACM Conference on AI, Ethics, and Society (AIES '23)* (786-808). New York: Association for Computing Machinery. DOI: 10.1145/3600211.3604711.

Neubauer, Lilly; Straw, Isabel; Mariconti, Enrico y Tanczer, Leonie Maria. (2023). A Systematic Literature Review of the Use of Computational Text Analysis Methods in Intimate Partner Violence Research. *Journal of Family Violence*, 38, 1205-1224. DOI 10.1007/s10896-023-00517-7.

Soldner, Felix; Tanczer, Leonie; Hammocks, Daniel; López-Neira, Isabel y Johnson, Shane D. (2021). Using Machine Learning Methods to Study Technology-Facilitated Abuse: Evidence from the Analysis of UK CrimeStoppers' Text Data. En Anastasia Powell, Asher Flynn y Lisa Sugiura (eds.), *The Palgrave Handbook of Gendered Violence and Technology*. Cham: Palgrave Macmillan. Disponible en internet.

Turing, Alan Mathison. (1950). Computing machinery and intelligence. *Mind*, 59(236), 433-460. Disponible en internet.

Vaswani, Ashish; Shazeer, Noam; Parmar, Niki; Uszkoreit, Jakob; Jones, Llion; Gomez, Aidan N; Kaiser, Lukasz y Polosukhin, Illia. (2017). Attention is all you need. En Isabelle Guyon *et. al.*, (eds.), *Advances in Neural Information Processing Systems* (5998-6008). Long Beach: NIPS Foundation. Disponible en internet.

Wang, Yihan; Daliang, Li; Si Si; Lukasik, Michal; Yu, Felix; Hsieh, Cho-Jui; Dhillon, Inderjit S. y Kumar, Sanjiv. (2024). Two-stage LLM Fine-tuning with Less Specialization and More Generalization. DOI: 10.48550/arXiv.2211.00635

Weizenbaum, Joseph. (1966). ELIZA—a computer program for the study of natural language communication between man and machine. *Communications of the ACM*, 9(1), 36-45. 10.1145/365153.365168

Yogarajan, Vithya, Dobbie, Gillian, Keegan, Te Taka y Neuwirth, Rostam J. (2023). Tackling Bias in Pre-trained Language Models: Current Trends and Under-represented Societies. DOI: 10.1145/365153.365168

Zhang, Yixuan y Zhou, Feng. (2024). Bias Mitigation in Fine-tuning Pre-trained Models for Enhanced Fairness and Efficiency. DOI: 10.48550/arXiv.2403.00625

¿Pueden ser discriminatorios los sistemas de reconocimiento facial?

Amelia Zafra
Universidad de Córdoba
ORCID ID: 0000-0003-3868-6143

SUMARIO: 1. Introducción. 2. Objetivos y metodología. 3. Inteligencia Artificial y equidad en el reconocimiento facial. 4. Propuesta didáctica. 5. Conclusiones. 6. Referencias bibliográficas.

1. INTRODUCCIÓN

Los sistemas biométricos (Minaee, Abdolrashidi, Su, Bennamoun y Zhang, 2023) se definen como tecnologías que permiten la identificación y autenticación de personas a partir de sus características físicas o de comportamiento. Estos sistemas analizan atributos únicos e irrepetibles de un individuo, como las huellas dactilares, el iris, la voz o el rostro, con el objetivo de verificar su identidad de manera segura y automatizada. Su implementación ha ganado relevancia en diversas áreas, desde el control de acceso en dispositivos electrónicos y espacios restringidos hasta su uso en seguridad pública y financiera, debido a su capacidad para ofrecer un alto grado de precisión y confiabilidad.

Dentro de estos sistemas, el reconocimiento facial (Andrejevic y Selwyn, 2022) es una de las tecnologías que más ha evolucionado y expandido en los últimos años, impulsada por los avances en Inteligencia Artificial (IA) y en procesamiento de imágenes, que han mejorado su precisión, rapidez y eficiencia. A diferencia de otros métodos biométricos, el reconocimiento facial no requiere contacto físico con dispositivos, lo que facilita su aplicación en múltiples contextos, como la autenticación de usuarios en teléfonos móviles, el control de accesos en edificios, la personalización de servicios en el comercio y la vigilancia en espacios públicos. Su capacidad para operar en tiempo real y su aplicabilidad universal han favorecido su adopción en sectores estratégicos, convirtiéndolo en una herramienta clave en la sociedad actual.

No obstante, su creciente implementación ha generado diversas controversias y desafíos que requieren un análisis crítico (Berle, 2020). Entre los principales problemas asociados al reconocimiento facial se encuentran la privacidad y la protección de datos, ya que su funcionamiento implica la recolección masiva de información biométrica sin siempre contar con el consentimiento adecuado. Asimismo, los sesgos algorítmicos pueden afectar la precisión del sistema, especialmente en la identificación de determinados grupos y generar discriminación en su aplicación. Además, existen vulnerabilidades ante ataques, como la posibilidad de suplantación mediante imágenes, videos o modelos 3D, lo que plantea riesgos en términos de seguridad.

Si bien el reconocimiento facial tiene el potencial de transformar diversas industrias, mejorar la seguridad y optimizar procesos, su implementación debe equilibrar la innovación con el respeto por los derechos fundamentales y la equidad. En este sentido, el presente trabajo, realizado en el marco de la Cátedra de Estudios de las Mujeres Leonor de Guzmán en colaboración con la Delegación de Igualdad del Ayuntamiento, dentro del proyecto *Desafíos de Inteligencia Artificial. ¿Una herramienta al servicio de la Igualdad?,* tiene como objetivo sensibilizar a la comunidad educativa sobre el impacto de los sesgos de género y otras formas de discriminación en el desarrollo y uso de la IA. Para ello, este trabajo analizará los algoritmos de la IA en el funcionamiento de los sistemas de reconocimiento facial, los distintos tipos de discriminación que pueden derivarse de su aplicación y sus principales impactos. Además, se expondrán los beneficios educativos de la iniciativa, así como las estrategias empleadas para concienciar al estudiantado sobre la importancia de un desarrollo tecnológico responsable y libre de sesgos. La combinación de teoría, análisis de casos y una demostración práctica busca no solo informar, sino también fomentar el pensamiento crítico en la juventud, permitiéndole reflexionar sobre el papel que juegan estas tecnologías en la sociedad y como pueden amplificar desigualdades preexistentes si no se diseñan, implementan y regulan adecuadamente.

El documento se estructurará de la siguiente manera: en la sección 2, se plantearán los objetivos y la metodología seguida para llevar a cabo la actividad propuesta. En la sección 3, se abordarán los principios fundamentales de los algoritmos de reconocimiento facial, su funcionamiento, los problemas derivados de la parcialidad algorítmica y sus implicaciones. En la sección 4, se detallará la propuesta didáctica implementada para trasladar estos conocimientos al ámbito educativo, a través de una conferencia y una demostración práctica. Finalmente, en la sección 5, se presentarán las conclusiones extraídas de la experiencia, junto con propuestas de mejora para futuras iniciativas similares.

2. OBJETIVOS Y METODOLOGÍA

En una sociedad donde la IA está cada vez más integrada en la vida cotidiana, su presencia abarca desde asistentes virtuales que facilitan tareas diarias hasta sistemas avanzados de seguridad que permiten una monitorización y evaluación constante. Esta expansión tecnológica ha traído consigo importantes beneficios, mejorando la eficiencia en distintos ámbitos. Sin embargo, también ha planteado importantes desafíos relacionados con la privacidad, la equidad y la toma de decisiones automatizadas. En particular, los algoritmos de IA pueden incorporar sesgos en sus procesos de decisión, lo que podría reforzar desigualdades existentes y afectar a derechos fundamentales, como la no discriminación.

En este contexto, este tipo de actividades son cruciales para que los y las estudiantes no solo conozcan las aplicaciones y beneficios de la IA, sino que también comprendan sus limitaciones y posibles efectos adversos. La falta de conocimiento sobre su funcionamiento puede llevar a un uso indiscriminado de estas tecnologías sin una evaluación crítica de sus consecuencias Por ello, resulta clave integrar estos conceptos en los centros educativos, proporcionando a la juventud las herramientas que les permitan analizar la IA de manera crítica, ética y responsable. Un enfoque educativo bien estructurado no solo facilita la comprensión de estas tecnologías, sino que también fomenta la capacidad de cuestionar cómo se diseñan y aplican, garantizando que su desarrollo sea equitativo y beneficioso para la sociedad en su conjunto.

En consecuencia, esta actividad tiene como objetivo sensibilizar a la comunidad educativa sobre el impacto de los sesgos de género y otras formas de discriminación en el desarrollo y en el uso de la IA en el reconocimiento facial. Para ello, se proponen los siguientes subobjetivos: analizar los principales conceptos relacionados con los algoritmos de IA en el funcionamiento de los sistemas de reconocimiento facial; evaluar los impactos de estos sistemas y los distintos tipos de discriminación que pueden generar; y fomentar una reflexión crítica sobre cómo estas herramientas tecnológicas pueden reforzar o perpetuar sesgos de género, étnicos y otras formas de discriminación si no se diseñan y regulan adecuadamente.

Desde un punto de vista metodológico, el desarrollo de este trabajo se ha estructurado en tres fases, cada una con un enfoque metodológico distinto:

1. Fase de fundamentación teórica: En esta etapa, se define el reconocimiento facial como técnica de biometría, se explica el funcionamiento de los algoritmos de IA utilizados en el reconocimiento facial y se analizan las desigualdades que estos sistemas pueden generar, así como su impacto. Se revisan estudios previos, ejemplos de la aplicación de estas tecnologías y casos documentados de sesgos algorítmicos. Esta fase, desarrollada en la sección 3, establece las bases conceptuales necesarias para comprender el funcionamiento y las implicaciones de estos sistemas.

2. Fase de implementación en el aula: En esta etapa, se realiza una charla en un centro educativo para transmitir los conceptos desarrollados y descritos en la fase anterior. Se emplearon herramientas audiovisuales, como presentaciones y vídeos explicativos, así como ejemplos representativos. Además, se realiza una demostración práctica utilizando la librería DeepFace[9], que permite realizar reconocimiento facial mediante modelos de aprendizaje profundo, lo que permite a los participantes interactuar con el modelo. La combinación de teoría, ejemplos actuales y experimentación directa con el modelo pretende fomentar un aprendizaje participativo y promover una visión crítica sobre el uso del reconocimiento facial. Esta fase se describe en la sección 4.

3. Fase de evaluación y conclusiones: En esta fase se realiza un análisis de la experiencia que permita identificar los aspectos más relevantes del enfoque metodológico empleado, así como aquellos que pueden optimizarse para lograr un mayor impacto en la formación de los estudiantes. Esta fase se describe en la sección 5.

3. INTELIGENCIA ARTIFICIAL Y EQUIDAD EN EL RECONOCIMIENTO FACIAL

En esta sección se analiza el papel de la IA y de los algoritmos en el desarrollo de los sistemas de reconocimiento facial (Abd El-Latif, Hammad, Maleh, Gupta, y Mazurczyk, 2023). Se explica el funcionamiento de estos sistemas y las implicaciones que conlleva su uso. Se introduce el concepto de IA y su relación con el reconocimiento facial, detallando cómo los algoritmos permiten identificar o verificar la identidad de una persona. Además, se abordan los desafíos asociados a la equidad en estos sistemas, con especial énfasis en la parcialidad algorítmica y en los distintos tipos de sesgos que pueden afectar a su precisión y fiabilidad. Finalmente, se examinan los impactos sociales y éticos de estas limitaciones, destacando la importancia de diseñar tecnologías más inclusivas y reguladas para evitar discriminación y desigualdades en su aplicación.

---

[9]   Disponible en: https://pypi.org/project/deepface/

3.1 El reconocimiento facial y su relación con la Inteligencia Artificial

La IA es una disciplina de la informática que permite desarrollar sistemas capaces de realizar tareas que requieren habilidades humanas como el aprendizaje, la percepción y la toma de decisiones. Uno de los campos donde la IA ha tenido un gran impacto es el reconocimiento facial, una tecnología que permite identificar a individuos mediante el análisis de sus rasgos faciales. Estos sistemas se han convertido en una herramienta clave en ámbitos como la autenticación digital, la seguridad y la vigilancia, proporcionando soluciones automatizadas para el control de accesos, la prevención del fraude y la identificación de personas en espacios públicos.

Los algoritmos son el fundamento de cualquier sistema de IA, ya que establecen los pasos que una máquina debe seguir para procesar información y aprender de ella. En términos generales, estos algoritmos funcionan a través de un proceso conocido como aprendizaje automático, en el que un algoritmo es entrenado con grandes volúmenes de datos para identificar patrones y mejorar su precisión con el tiempo. Este proceso consta de tres fases principales (ver Figura 1): (1) entrada de datos de entrenamiento, donde se recopilan grandes cantidades de información que sirven como base de conocimiento para el sistema; (2) aplicación del algoritmo, en la que un modelo de aprendizaje automático analiza estos datos, extrae características relevantes y aprende a reconocer patrones; y (3) genera un resultado. Una vez entrenado el algoritmo, es capaz de recibir nuevos datos no vistos previamente y utiliza su conocimiento de referencia para determinar un resultado. Durante el proceso de entrenamiento, el modelo se ajusta y afina progresivamente, optimizando su capacidad de reconocimiento para minimizar errores y mejorar su desempeño en nuevas situaciones.

FIGURA 1. *Proceso de aprendizaje automático en un sistema de IA*

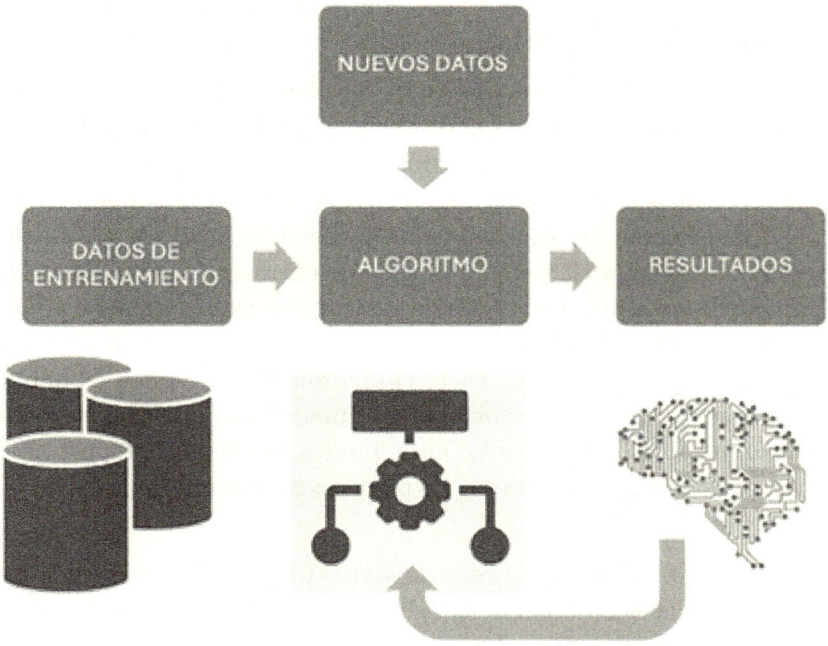

Fuente: elaboración propia.

En el caso del reconocimiento facial, el proceso se compone de una serie de etapas fundamentales en las que intervienen algoritmos de IA especializados en el procesamiento de imágenes. Estas etapas incluyen:

1. *Captura de imágenes:* Se obtiene una fotografía o vídeo del rostro de una persona mediante una cámara.

2. *Detección facial:* Se identifica y delimita el rostro dentro de la imagen, separándolo de otros elementos del entorno. Para ello, los algoritmos emplean técnicas de visión por computadora, muchas de ellas basadas en modelos de aprendizaje profundo, que permiten detectar y localizar rostros con alta precisión. Por ejemplo, histograma de gradiente orientado (Déniz, Bueno, Salido y de la Torre, 2011), redes neurona-

les convolucionales (Zhang, Zhao, Sun, Zou y Li, 2016) y el algoritmo de Viola-Jones (Dabhi y Pancholi, 2016) son ampliamente utilizados para la detección y extracción de rasgos faciales.

3. *Extracción de características:* Se identifican y analizan rasgos específicos del rostro, como la distancia entre los ojos, la forma de la nariz, la estructura ósea y otros atributos distintivos. Estos rasgos se convierten en un vector de datos numéricos que representa la identidad facial de la persona, conocida como huella facial. En la Figura 2, se muestra la correspondencia entre la imagen de un rostro y su huella facial. Esta huella consiste en un vector de características, cuyo tamaño puede variar dependiendo del modelo empleado. Por ejemplo, en modelos de aprendizaje profundo como FaceNet (Schroff, Kalenichenko y Philbin, 2015) se pueden utilizar vectores de 128 dimensiones. Estas dimensiones reflejan medidas como ángulos entre puntos faciales, las proporciones entre características del rostro y los patrones de textura identificados en la imagen.

4. *Comparación con la base de datos:* Una vez extraídas las características faciales en una huella facial única para cada individuo, este vector se compara con una base de datos de rostros previamente almacenados y se obtiene su huella facial si no ha sido almacenada previamente. El objetivo es determinar posibles coincidencias entre el rostro capturado y los rostros registrados. Para ello, se calcula la semejanza entre los vectores utilizando una métrica de distancia (Vezzetti y Marcolin, 2015), como la distancia euclidiana. Una menor distancia entre los vectores indica una mayor probabilidad de coincidencia entre los rostros.

5. *Verificación e identificación:* En esta última etapa, el sistema determina si el rostro analizado corresponde a una persona registrada en la base de datos (verificación) o intenta identificar a la persona dentro de un conjunto de perfiles existentes (identificación). Si la similitud entre los datos registrados y la imagen capturada es lo suficientemente alta, se considera que la identificación es exitosa. Si la similitud no alcanza el umbral requerido, se puede realizar un análisis adicional o marcar el

resultado como incierto. Dependiendo del uso del sistema, puede ser necesaria una validación adicional por parte de personal especializado que confirme la coincidencia antes de tomar decisiones definitivas.

FIGURA 2. *Representación de la huella facial de un rostro como un vector de características*

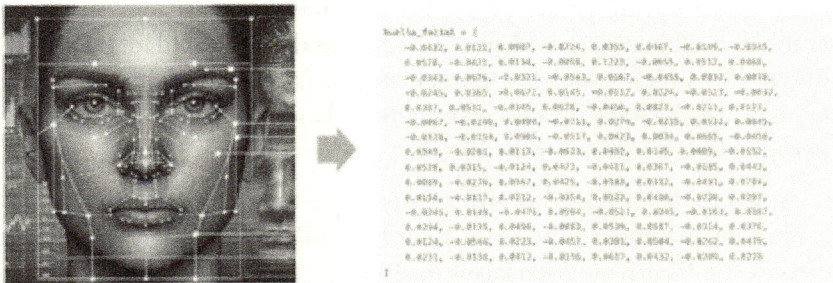

Fuente: el rostro ha sido generado mediante IA.

Este ejemplo ha mostrado cómo los algoritmos de IA analizan imágenes, procesan información y toman decisiones en cuestión de milisegundos. A medida que los sistemas de reconocimiento facial continúan evolucionando, su precisión y velocidad han mejorado significativamente, lo que ha facilitado su integración en diversas aplicaciones cotidianas.

3.2 La parcialidad algorítmica en el reconocimiento facial

Los algoritmos de IA basados en aprendizaje automático no están exentos de imperfecciones. Al contrario, los errores que pueden generar en la toma de decisiones pueden ser tan perjudiciales como los cometidos por humanos. Uno de los desafíos más significativos en la implementación de estos sistemas es la parcialidad algorítmica (Buolamwini, 2024), un fenómeno que ocurre cuando los modelos de IA aprenden a partir de datos sesgados, lo que puede reforzar desigualdades y discriminaciones preexistentes. En esta sección se analizará cómo estos sesgos influyen en la precisión del reconocimiento facial y las consecuencias que pueden derivarse de sus errores.

La parcialidad algorítmica surge porque los algoritmos de IA, como se ha observado en el proceso de aprendizaje automático, identifican patrones a partir de grandes volúmenes de datos, los cuales pueden reflejar desigualdades sociales o prejuicios históricos. En estos casos, en lugar de ser herramientas objetivas y neutrales, estos sistemas pueden amplificar dichos sesgos, afectando a su equidad y fiabilidad. En el caso del reconocimiento facial, esto puede traducirse en una disminución de la precisión del sistema, especialmente en la identificación de personas pertenecientes a grupos minoritarios.

Si los datos empleados en el entrenamiento del modelo no representan de manera equitativa a toda la población, pueden producirse errores significativos como falsos positivos (cuando el sistema identifica incorrectamente a una persona como otra) o falsos negativos (cuando no reconoce a una persona que debería identificar). Estos fallos pueden tener graves consecuencias en ámbitos como la seguridad pública, la autenticación digital o la vigilancia, donde una identificación errónea puede derivar en decisiones injustas, como detenciones erróneas o restricciones indebidas.

Existen varias razones por las que los sistemas de reconocimiento facial pueden presentar sesgos algorítmicos, entre las que destacan:

· *Calidad y composición de los datos de entrenamiento:* La principal fuente de sesgo radica en los conjuntos de datos utilizados para entrenar los modelos. Si la base de datos está compuesta mayoritariamente por imágenes de ciertos grupos demográficos (por ejemplo, hombres con tono de piel claro) y tiene una baja representación de otros (como mujeres y personas racializadas), el sistema aprenderá patrones que favorecen a los grupos mayoritarios y disminuirá su precisión en los menos representados.

· *Diseño del modelo y procesamiento de información:* Los algoritmos pueden priorizar ciertos rasgos faciales sobre otros según la forma en la que han sido programados y ajustados. Esto puede generar diferencias en la precisión con la que reconocen a distintos grupos.

• *Condiciones de captura de las imágenes:* Si las imágenes empleadas en el entrenamiento han sido tomadas en condiciones ideales de luz y ángulos específicos, el modelo puede presentar dificultades para identificar rostros en situaciones reales, como entornos con iluminación variable, diferentes expresiones faciales o el uso de accesorios como gafas o mascarillas.

• *Interacción con los usuarios y toma de decisiones:* La parcialidad algorítmica no solo se origina en el diseño del modelo, sino también en la manera en que las personas usuarias interpretan y confían en sus resultados. Una dependencia excesiva de la automatización puede llevar a decisiones injustas si no se realiza una revisión crítica por parte de los seres humanos.

Los errores derivados de la parcialidad algorítmica pueden clasificarse en distintos tipos de sesgos, los cuales afectan la equidad e imparcialidad de los algoritmos. Un sesgo en este contexto se refiere a una desviación sistemática en los resultados del sistema que favorece o perjudica a ciertos grupos de manera desproporcionada. Estos sesgos comprometen la fiabilidad del reconocimiento facial, ya que pueden generar identificaciones erróneas o trato desigual hacia determinados colectivos. Los diferentes tipos de sesgos que podemos encontrarnos en este contexto son:

• *Sesgo de representación:* Se produce cuando los datos de entrenamiento no reflejan de manera equitativa la diversidad de la población, lo que genera diferencias en la precisión del sistema según el grupo demográfico analizado.

• *Sesgo de selección:* Aparece cuando los datos empleados para entrenar el modelo no han sido seleccionados de manera equitativa. Si la mayoría de las imágenes provienen de personas fotografiadas en condiciones controladas, el algoritmo puede ser ineficaz en escenarios reales.

• *Sesgo de agregación:* Ocurre cuando el sistema agrupa a personas con características faciales similares dentro de una misma categoría, lo que puede provocar confusiones al identificar individuos de ciertos grupos demográficos.

• *Sesgo de automatización:* Se da cuando los usuarios confían ciegamente en los resultados del sistema sin cuestionar su precisión. La falta de revisión humana puede derivar en decisiones erróneas, como falsas identificaciones en entornos de seguridad o vigilancia.

• *Sesgo de retroalimentación:* Este sesgo se presenta cuando los errores del sistema se refuerzan con el tiempo. Si un algoritmo identifica incorrectamente a ciertos grupos de manera reiterada, esos errores se perpetúan en nuevos datos, agravando la discriminación sistemática.

3.3 Impacto de la parcialidad algorítmica en el reconocimiento facial

El reconocimiento facial es especialmente vulnerable a la parcialidad algorítmica, ya que su precisión varía según el género, el tono de piel y otros rasgos característicos, lo que puede generar desigualdades. Estas inequidades pueden tener consecuencias significativas en diversos ámbitos. En seguridad, los errores de identificación pueden derivar en detenciones injustificadas y una vigilancia desproporcionada sobre ciertos grupos. En este contexto, los falsos positivos pueden hacer que personas inocentes sean identificadas erróneamente como sospechosas, lo que puede traducirse en arrestos indebidos y una mayor vigilancia sobre comunidades específicas. Por ejemplo, en el Reino Unido se documentaron varios errores en sistemas de reconocimiento facial utilizados por los cuerpos de seguridad, los cuales identificaban con mayor frecuencia a personas con tonos de piel más oscuros como criminales. Esto generó múltiples denuncias y preocupaciones sobre la viabilidad de esta tecnología en la seguridad pública.

Otro impacto significativo es la exclusión digital. Si un sistema de autenticación basado en reconocimiento facial no reconoce correctamente a ciertos usuarios, pueden experimentar desigualdades en el acceso según su perfil demográfico. Como resultado, pueden quedar impedidos de acceder a servicios esenciales, como cuentas bancarias, dispositivos electrónicos o espacios restringidos. Esta exclusión afecta principalmente a personas cuyas características faciales están subrepresentadas en los datos de entrenamiento.

Además, la parcialidad algorítmica en el reconocimiento facial puede reforzar desigualdades sociales preexistentes. Si los algoritmos reflejan sesgos de género presentes en los datos de entrenamiento, terminan perpetuando y amplificando las mismas inequidades existentes en la sociedad.

Varios estudios han evidenciado estos efectos. Uno de los más influyentes es el realizado por Buolamwini y Gebru (2018). En este estudio se evaluaron tres sistemas de reconocimiento facial de Microsoft, IBM y Face++. Utilizando un conjunto de datos diverso llamado *Pilot Parliaments Benchmark* (PPB), se descubrió que estos sistemas eran altamente precisos al clasificar el género de hombres blancos (con una precisión superior al 99%), pero su rendimiento descendía drásticamente cuando se trataba de mujeres con piel más oscura, con tasas de error de hasta el 34%. Este hallazgo subrayó la falta de diversidad en los conjuntos de datos de entrenamiento y la necesidad de mejorar los estándares de equidad en inteligencia artificial.

En 2019, el Instituto Nacional de Estándares y Tecnología (NIST) publicó otro estudio (Grother, Ngan y Hanoka, 2019) que mostró que los algoritmos de reconocimiento facial continuaban presentando sesgos asociados al origen étnico y al género. Los falsos positivos fueron significativamente más frecuentes en ciertos grupos demográficos, especialmente en personas racializadas. Además, la calidad de las imágenes utilizadas en las pruebas influyó en la precisión del sistema, ya que imágenes de mayor calidad mostraron mejores tasas de reconocimiento.

Dado el impacto negativo de la parcialidad en el reconocimiento facial, se han propuesto diversas estrategias para mitigar estos efectos:

· *Diversificación de los datos de entrenamiento:* Es esencial utilizar conjuntos de datos representativos de todas las poblaciones, incluyendo variaciones en tono de piel, edad, género y condiciones de iluminación para mejorar la precisión del sistema en distintos contextos.

· *Mejoras en los modelos de IA:* Se deben desarrollar algoritmos más inclusivos que no prioricen características faciales de ciertos grupos sobre otros. Esto puede lograrse implementando técnicas avanzadas de aprendizaje automático que minimicen los sesgos en el procesamiento de imágenes.

· *Regulación y supervisión:* Es necesario establecer marcos normativos que garanticen que los sistemas de reconocimiento facial no reproduzcan discriminaciones. Además, debe asegurarse la supervisión humana en decisiones automatizadas que puedan afectar derechos fundamentales.

· *Transparencia y responsabilidad:* Las empresas tecnológicas deben proporcionar información clara sobre el funcionamiento de sus algoritmos y los datos utilizados para entrenarlos. La transparencia en estos procesos permitiría una mayor capacidad de auditoría y facilitaría la corrección de posibles sesgos en los sistemas.

Aplicar estas medidas contribuirá a que el reconocimiento facial y otras tecnologías basadas en IA sean más equitativas, precisas y respetuosas con los derechos humanos. La mitigación de la parcialidad algorítmica no solo mejora la fiabilidad técnica de estos sistemas, sino que también ayuda a prevenir su uso discriminatorio y a construir un futuro digital más justo para todos.

4. PROPUESTA DIDÁCTICA

Partiendo de la fundamentación desarrollada en la sección anterior, esta sección describe la propuesta didáctica realizada en el centro educativo, a la que asistieron aproximadamente 100 estudiantes que estaban en niveles de Educación Secundaria Obligatoria y Bachillerato. El objetivo era acercarles el funcionamiento del reconocimiento facial, sus aplicaciones y los desafíos de equidad e imparcialidad asociados a su uso. Dado que esta tecnología está cada vez más presente en la vida cotidiana, a través de dispositivos móviles y plataformas digitales, resulta esencial que el estudiantado comprenda no solo su utilidad, sino también sus posibles riesgos y repercusiones sociales.

La actividad se estructuró en una charla organizada en cuatro bloques temáticos: una introducción al reconocimiento facial, la discriminación que realizan los algoritmos que se utilizan, los desafíos que plantea y los riesgos asociados a su uso. A través del análisis de casos reales y estudios recientes, se evidenció cómo estos sistemas han generado errores de identificación, particularmente en personas racializadas o de género. La metodología combinó teoría, análisis de casos y una demostración práctica, con el propósito de no solo informar, sino también fomentar la participación de los y las estudiantes en el análisis crítico del problema. La integración de estos enfoques permitió un aprendizaje dinámico y participativo, en el que los participantes pudieran experimentar directamente con un modelo de IA.

A continuación, se describe la manera en que se desarrollaron los distintos aspectos de la actividad en el aula:

A. *Explicación del funcionamiento de los sistemas de reconocimiento facial:* Se inició con los principios básicos del reconocimiento facial y su relación con la IA, abordando conceptos fundamentales como algoritmos, aprendizaje automático y toma de decisiones automatizada. El alumnado comprendió cómo los sistemas procesan imágenes para identificar personas, y se presentaron ejemplos cotidianos, como el uso de filtros en redes sociales o el desbloqueo facial en dispositivos móviles. A partir de estos casos, el análisis se amplió a aplicaciones en seguridad, autenticación de identidad y publicidad personalizada, destacando los desafíos que estas tecnologías pueden implicar.

B. *Discriminación en los algoritmos de reconocimiento facial:* Se presentó el concepto de parcialidad algorítmica y su impacto en los sistemas de reconocimiento facial, explicando cómo los sesgos pueden surgir en los datos utilizados para entrenar los modelos, en el diseño de los algoritmos o en las decisiones de implementación. Para ilustrar estas problemáticas, se analizaron los estudios de Buolamwini y Gebru (2018) y del NIST (Grother, Ngan y Hanoka, 2019), que evidenciaron tasas de error significativamente más altas en la identificación de mujeres y personas racializadas en comparación con hombres con tono de piel claro. Además, se definieron las principales causas de estos sesgos, incluyendo la subrepresentación de ciertos grupos en los datos de entrenamiento, la influencia de los criterios de desarrollo de los modelos y las decisiones sobre cómo se implementa esta tecnología en distintos contextos.

C. *Desafíos y riesgos del reconocimiento facial:* Se analizaron los principales desafíos y riesgos asociados a esta tecnología, con un énfasis particular en los sesgos de género presentes en estos sistemas. Se discutieron casos reales en los que el reconocimiento facial ha sido cuestionado debido a errores de identificación o por su uso en vigilancia masiva, lo que ha generado preocupaciones sobre la privacidad y los derechos fundamentales. Además, se abordaron los impactos sociales y éticos derivados de su uso sin una regulación adecuada, subrayando la necesidad de implementar una supervisión y control efectivos para mitigar posibles desigualdades y asegurar que esta tecnología sea utilizada de manera responsable y equitativa.

D. *Demostración práctica del funcionamiento de un sistema de reconocimiento facial:* Se utilizó la librería *DeepFace* en un entorno accesible como Google Colab para realizar una demostración práctica. El estudiantado pudo observar cómo el sistema de reconocimiento facial analiza imágenes, las compara y emite resultados, lo que les permitió conocer de primera mano tanto las capacidades como las limitaciones del sistema. Para facilitar el acceso, se proporcionó un código QR con el enlace a los datos y al notebook de Google Colab (Figura 3), lo que permitió a los participantes experimentar de forma autónoma con la herramienta, sin necesidad de configurar ningún software adicional, únicamente con un navegador web y su cuenta de correo académica asociada a Gmail.

Esta propuesta didáctica no solo tuvo como objetivo proporcionar al estudiantado una comprensión teórica del reconocimiento facial y sus implicaciones éticas, sino también fomentar su capacidad de análisis crítico ante los riesgos de la parcialidad algorítmica y los sesgos inherentes a estas tecnologías. A través de la integración de teoría, práctica y reflexión, se promovió un aprendizaje activo y consciente de los desafíos tecnológicos y éticos asociados al uso de la IA en el reconocimiento facial.

FIGURA 3. *Información distribuida por los estudiantes para acceder a la demostración*

RECONOCIMIENTO
FACIAL

https://colab.research.google.com
EJEMPLO EN GOOGLE COLAB

CUADERNO

DATOS

Fuente: elaboración propia.

5. CONCLUSIONES

El reconocimiento facial se presenta como una tecnología con un notable potencial en el ámbito de la biometría. Sin embargo, su implementación plantea riesgos significativos relacionados con la privacidad, los sesgos algorítmicos y la seguridad. Para que su uso sea imparcial y responsable, resulta esencial mejorar la transparencia en el desarrollo de los algoritmos, garantizar la inclusión de diversidad en los datos de entrenamiento para mitigar los sesgos y establecer regulaciones claras que protejan los derechos fundamentales de las personas. Estos pasos son cruciales para asegurar que el reconocimiento facial no vulnera principios fundamentales como la equidad, la justicia social y la privacidad.

En un contexto en el que la IA y el reconocimiento facial están cada vez más presentes en la vida cotidiana, es imprescindible que su implementación no comprometa estos principios. Este trabajo ha buscado contribuir a una comprensión crítica de las tecnologías de reconocimiento facial. El objetivo principal ha sido sensibilizar sobre los riesgos inherentes a los sesgos de género, de etnia y otros factores, y la importancia de implementar soluciones tecnológicas de manera justa y equitativa.

Valoración de la experiencia

La actividad resultó ser una experiencia valiosa y enriquecedora. Permitió una reflexión sobre la imparcialidad y equidad de las tecnologías emergentes, un tema cada vez más relevante debido al amplio uso de estos sistemas. A lo largo de la sesión, el estudiantado mostró un gran interés, pudiendo desarrollar un pensamiento crítico sobre los riesgos y las implicaciones sociales de estas tecnologías.

La combinación de teoría, análisis de casos reales y una demostración práctica permitió que comprendieran de manera tangible cómo los algoritmos de reconocimiento facial pueden generar discriminación si no se diseñan adecuadamente. Esta aproximación facilitó el aprendizaje activo y ayudó a los participantes a interiorizar los conceptos clave de la parcialidad algorítmica y sus posibles consecuencias.

Propuestas de mejora

Debido a las limitaciones de tiempo y aforo, no se pudo profundizar en la parte práctica de la demostración. Aunque se explicó el uso de la librería, se mostró un ejemplo y se proporcionó un entorno accesible para la experimentación de forma autónoma, habría sido beneficioso contar con más tiempo para ejercicios prácticos. Esto habría reforzado el análisis crítico de los sistemas de reconocimiento facial. Para futuras ediciones, se podría considerar incluir talleres prácticos donde las personas participantes puedan trabajar directamente con los algoritmos, evaluar su precisión y debatir sobre sus limitaciones, lo que proporcionaría una experiencia más enriquecedora y activa.

6. REFERENCIAS BIBLIOGRÁFICAS

Abd El-Latif, Ahmed; Hammad, Mohammed Adel; Maleh, Yassine; Gupta, Brij y Mazurczyk, Wojciech (eds.). (2023). *Artificial intelligence for biometrics and cybersecurity: Technology and applications*. IET Security Series.

Andrejevic, Mark y Selwyn, Neil. (2022). *Facial recognition*. Hoboken: John Wiley & Sons.

Berle, Ian. (2020). Compulsory visibility? En *Face recognition technology: Compulsory visibility and its impact on privacy and the confidentiality of personal identifiable images* (75-85). Nueva York: Springer International Publishing. DOI: 10.1007/978-3-030-36887-6.

Buolamwini, Joy. (2024). *Unmasking AI: My mission to protect what is human in a world of machines*. Nueva York: Penguin Random House.

Dabhi, Mehul y Pancholi, Bhavna. (2016). Face detection system based on Viola-Jones algorithm. *International Journal of Science and Research, 5*(4), 62-64. DOI: 10.1109/IEC49899.2020.9122927.

Déniz, Oscar; Bueno, Gloria; Salido, Jesús Manuel y De la Torre, Fernando. (2011). Face recognition using Histograms of Oriented Gradients. *Pattern Recognition Letters, 32*(12), 1598-1603. DOI: 10.1016/j.patrec.2011.05.008.

Minaee, Shervin; Abdolrashidi, Amirali; Su, Hang; Bennamoun, Mohammed y Zhang, David. (2023). Biometrics recognition using deep learning: A survey. *Artificial Intelligence Review, 56*(8), 8647-8695. DOI: 10.1007/s10462-023-10242-w.

Grother, Patrick; Ngan, Mei y Hanoka, Kayee. (2019). NIST study evaluates effects of race, age, sex on face recognition software. *Face recognition vendor test. Part 3: Demographic effects.* National Institute of Standards and Technology, 1-77. DOI: 10.6028/NIST.IR.8280.

Schroff, Florian; Kalenichenko, Dmitry y Philbin, James. (2015). Facenet: A unified embedding for face recognition and clustering. En *2015 Proceedings of the IEEE conference on computer vision and pattern recognition* (815-823). DOI: 10.1109/CVPR.2015.7298682.

Vezzetti, Enrico y Marcolin, Federica. (2015). *Similarity measures for face recognition.* Sharjah: Bentham Science Publishers.

Zhang, Yuanyuan; Zhao, Dong; Sun, Jiande; Zou, Guofeng y Li, Wentao. (2016). Adaptive convolutional neural network and its application in face recognition. *Neural Processing Letters, 43,* 389-399. DOI: 10.1007/s11063-015-9485-0.

SIRI Y LAS ASISTENTAS VIRTUALES DE VOZ

Julia Ammerman Yebra
Universidad de Santiago de Compostela
Identificador ORCID: 0000-0001-7858-0541

SUMARIO: 1. Introducción: Inteligencia Artificial y Derecho. 1.1. Inteligencia Artificial y asistentes virtuales de voz. 1.2. La voz (mayoritariamente femenina) de los asistentes virtuales. 2. Objetivos y metodología. 3. Propuesta didáctica. 4. Conclusiones. 5. Referencias bibliográficas.

1. INTRODUCCIÓN: INTELIGENCIA ARTIFICIAL Y DERECHO

La Inteligencia Artificial (IA) ha generado importantes desafíos en la protección de los derechos fundamentales de las personas y, desde el punto de vista civil, en los llamados derechos de la personalidad. La voz y la imagen son los dos rasgos que más han sufrido este impacto, dado que esta tecnología ya permite no solo crear voces e imágenes sintéticas, sino recrear su réplica exacta digital, no pudiendo distinguir en muchos casos cuál es el rasgo real del clonado.

Si adoptamos una perspectiva de análisis más amplia, la IA ha impactado en el mundo del Derecho de diversas maneras. Desde un punto de vista práctico, y al igual que sucede en muchos otros ámbitos científicos, puede llegar a facilitar ciertas tareas o, incluso, a resolverlas. En la práctica jurídica, por ejemplo, ya permite que los profesionales se apoyen en la IA para la redacción de todo tipo de documentos, desde simples notificaciones hasta demandas o sentencias[10]. En la enseñanza jurídica universitaria ha hecho que los docentes nos replanteemos ciertas metodologías, en especial en las clases prácticas, dado que el alumnado cuenta con muchos programas de IA con los que resolver (con mayor o menor –o nula– fortuna) los casos propuestos.

[10]   El Real Decreto-ley 6/2023, de 19 de diciembre, por el que se aprueban medidas urgentes para la ejecución del Plan de Recuperación, Transformación y Resiliencia en materia de servicio público de justicia, función pública, régimen local y mecenazgo, fue el que estableció por primera vez la posibilidad de que jueces y juezas puedan disponer de las llamadas "actuaciones asistidas" para generar borradores de sentencias, siempre y cuando los magistrados y las magistradas mantengan el pleno control sobre el texto y "sin que el borrador se constituya en resolución sin la intervención del operador" (exposición de motivos, punto VI). En su art. 35.1 k) se permite que se utilice en el ámbito de la Administración de Justicia "la aplicación de técnicas de inteligencia artificial para los fines anteriores [por ejemplo, la producción de actuaciones judiciales y procesales automatizadas] u otros que sirvan de apoyo a la función jurisdiccional, a la tramitación, en su caso, de procedimientos judiciales, y a la definición y ejecución de políticas públicas relativas a la Administración de Justicia". En marzo de 2025 salía en prensa que en Cataluña se quiere implantar un plan piloto (llamado "AI4Justice") que agilice la redacción de sentencias, concretamente en procedimientos que se han calificado como de menor complejidad por ser repetitivos (reclamaciones por cláusulas hipotecarias, por ejemplo). La noticia se puede consultar aquí: https://www.rtve.es/noticias/20250321/cataluna-sentencias-judiciales-inteligencia-artificial/16502032.shtml [Fecha de la última consulta: 27/03/2025].
    Estudios muy recientes están tratando de comparar cómo resolvería un mismo caso, por un lado, un juez, y por otro GPT-4o, y concluyen que el "juez virtual GPT-4o" es demasiado formalista, alcanzando soluciones similares a las concluidas por un grupo de alumnos y alumnas (por tanto, no cualificado como jueces), y diferenciadas de las soluciones dadas por jueces profesionales (Posner y Saran, 2025).

No obstante, el impacto más importante que, a nuestro entender, ha tenido la IA en el mundo del Derecho es a nivel regulatorio. Los sistemas de IA diseminados en cada vez más ámbitos de nuestras vidas deberán cumplir con los postulados del recientemente aprobado Reglamento de IA de la Unión Europea (RIA). Así, en los dos ejemplos expuestos anteriormente, tanto los profesionales jurídicos como el estudiantado están utilizando modelos de aprendizaje profundo usados en el ámbito de la IA generativa. Estos deberán cumplir las normas de los llamados "modelos de IA de propósito general" –del estilo Chat-GPT–, que se encuentran en los arts. 51 a 56 RIA, o incluso más reglas en caso de que se apliquen en ámbitos que el sistema pueda calificar como de alto riesgo[11].

Más allá de estos conocidos modelos, el Reglamento contiene una clasificación en cuatro niveles de los sistemas de IA según los riesgos que, para los derechos fundamentales de las personas, puedan implicar. Hay sistemas directamente prohibidos[12], sistemas de alto riesgo[13], otros

---

[11]   Por ejemplo, en el caso expuesto en la nota anterior, entendemos que estaríamos ante un sistema de alto riesgo de acuerdo con lo dicho en el punto 8 a) del Anexo III RIA, que clasifica como tales a los "Sistemas de IA destinados a ser utilizados por una autoridad judicial, o en su nombre, para ayudar a una autoridad judicial en la investigación e interpretación de hechos y de la ley, así como en la garantía del cumplimiento del Derecho a un conjunto concreto de hechos".

[12]   Los sistemas de IA prohibidos lo son por afectar nocivamente a la salud y a los derechos fundamentales. Se definen en el art. 5 RIA, abarcando prácticas como la utilización de técnicas subliminales que trasciendan la conciencia de una persona con el objetivo de alterar su comportamiento, los sistemas de IA que exploten alguna vulnerabilidad de personas o colectivos, o determinados sistemas de IA de puntuación o perfilado de personas, entre otros.

[13]   Los sistemas de IA de alto riesgo presentan un impacto significativo en la salud, seguridad o derechos fundamentales de las personas. Aparecen delimitados entre el art. 6 RIA y el Anexo III, encontrándose entre ellos, sin ánimo de ser exhaustivas, los que afecten a servicios privados o públicos esenciales como los servicios financieros o sanitarios; los que evalúen los

de riesgo relevante (también llamados de riesgo "limitado") y, por último, de riesgo residual o mínimo. Esta clasificación se debe a que al legislador europeo le preocupa que pueda haber sesgos en los sistemas de IA que afecten a la salud, a la seguridad o a los derechos fundamentales de las personas, lo cual incluye la prohibición de las discriminaciones que puedan derivarse del uso de estos sistemas, incluida la discriminación por razón de sexo. Por ello, el RIA, según sea el nivel de riesgo, establece deberes preceptivos que van dirigidos tanto a los desarrolladores como a los fabricantes, proveedores, o responsables de su despliegue, a la hora de comercializar los sistemas y de utilizarlos.

Por lo que se hace necesario analizar qué relación tienen los asistentes virtuales de voz con los sistemas de IA y, en su caso, si se deben catalogar bajo algún nivel de riesgo.

1.1 Inteligencia Artificial y asistentes virtuales de voz

Los conocidos como *VPA* (*Virtual Personal Assistant*) son programas de software que simulan interacciones de voz usando el procesamiento del lenguaje natural, técnica que permite que las máquinas "entiendan" y se comuniquen con el lenguaje humano[14]. Se dice que el primero (más bien, "la primera") de las tecnologías de reconocimiento de voz fue "Audrey", de *Bell Laboratories*, que en 1952 consiguió que reconociese los números del 0 al 9 cuando eran pronunciados por su inventor (Li y Mills, 2019: 146).

---

resultados de aprendizaje del alumnado; los que controlen las actividades migratorias; o, en fin, los ya mencionados para el apoyo de magistrados en la toma de decisiones judiciales.

[14] Las aplicaciones del procesamiento del lenguaje natural son múltiples, desde traducciones automáticas, hasta resolución de problemas o reconocimiento de voz.

Como podemos apreciar, los asistentes virtuales de voz surgieron con anterioridad a los modelos de IA generativa. En sus inicios, los sistemas buscaban información y, si la encontraban, nos la proporcionaban. Encontramos una definición de asistente virtual en el Reglamento (UE) 2023/2854, de 13 de diciembre de 2023, sobre normas armonizadas para un acceso justo a los datos y su utilización, que en su art. 2, apartado 31), dice que se trata de

> "software que puede procesar peticiones, tareas o preguntas, incluidas las basadas en material de audio, material escrito, gestos o movimientos, y que, basándose en dichas peticiones, tareas o preguntas, proporciona acceso a otros servicios o controla las funciones de productos conectados".

Actualmente los *VPA* se han visto muy mejorados, pudiendo crear la información adaptada a las preferencias del usuario y respondiendo de manera más precisa y natural (Muñoz, 2024: 68). De hecho, los grandes desarrolladores de estos sistemas han pasado a describirlos ya no como antaño (asistentes virtuales de voz), sino como "asistentes virtuales inteligentes"[15].

---

[15] En este sentido, véase la campaña que ha realizado Apple con la nueva "Siri", con descripciones como "Este año da comienzo una nueva era para Siri. Gracias a las extraordinarias prestaciones integradas de Apple Intelligence, tu asistente va a ayudarte más que nunca en tu día a día". Detrás de esta mejora está la integración de ChatGPT de OpenAI tanto en Siri como en Herramientas de Escritura. Según explica Apple, "Siri puede acudir a ChatGPT para determinadas peticiones, como preguntas relacionadas con fotos o documentos". No obstante, se cuidan de señalar que esto no afectará a la privacidad, dado que "Siri aprende de tus necesidades, pero no sabe quién eres. Lo que le pides no se asocia a tu Cuenta de Apple. El potente Neural Engine de Apple se asegura de que el audio de tus solicitudes nunca salga de tu iPhone, iPad o Apple Watch, salvo que tú decidas compartirlo. Gracias a la inteligencia del dispositivo, Siri va conociendo tus preferencias y se an-

Si bien el Reglamento de Inteligencia Artificial no se refiere en ningún momento a los asistentes virtuales, al menos explícitamente, creemos que podríamos entenderlos parcialmente comprendidos en la mención que hace su considerando 119 a los *chatbots en línea*. Según la explicación de este considerando, los *chatbots* efectúan búsquedas e incorporan los resultados a sus conocimientos existentes, actualizándolos y generando una única información de salida que combina diferentes fuentes de información. Estos sistemas están creados, pues, para interactuar directamente con personas físicas, al igual que sucede con los asistentes virtuales de voz.

Los *chatbots* se enmarcarían en el tercer nivel de los establecidos en el RIA, los de riesgo relevante. Para estos sistemas se contemplan, en el art. 50 RIA, unos deberes específicos de información y transparencia. La razón principal es que la persona usuaria sepa que está interactuando con un sistema de IA y no con una persona real. Si bien el propio art. 50.1 establece como excepción a esta obligación de transparencia sobre la naturaleza del sistema que "resulte evidente desde el punto de vista de una persona física razonablemente informada, atenta y perspicaz, teniendo en cuenta las circunstancias y el contexto de utilización", que se trata de una máquina. Por lo que creemos que se podría argumentar que el hecho de "hablarle", por ejemplo, a un móvil para activar su asistente virtual de voz ya evidencia que se trata de una máquina, así que no sería preceptivo avisar que estamos interactuando con un sistema de IA. Quienes usan Siri o Alexa, por poner a las dos más conocidas, ya saben que no son reales –pese a la apariencia humana (y femenina) concreta que, como veremos, le han dado sus desarrolladores–. No obstante, esto podría no resultar tan claro cuando un determinado servicio

ticipa a lo que puedas necesitar. Así la experiencia es totalmente personal sin renunciar a la privacidad. Por supuesto, lo que hablas con Siri no se comparte con anunciantes". Se puede consultar todo ello en https://www.apple.com/es/siri/ y https://www.apple.com/es/apple-intelligence/ [Fecha de la última consulta: 27/03/2025].

en línea tenga integrado un asistente de voz, en cuyo caso entendemos que deberá constar de forma clara, como establece el art. 50 RIA, que es un asistente virtual de voz para no crear la confusión de que quien te responde es una persona real.

Solo en el caso de que un asistente virtual aparezca integrado en un sistema que el RIA considere de alto riesgo por afectar severamente a la salud, a la seguridad o a los derechos fundamentales, veremos necesario que se cumplan las obligaciones diseñadas para estos sistemas. A saber: que dispongan de una evaluación previa de conformidad (arts. 16 y 43), de gestión de riesgos (art. 9), de criterios de calidad de los datos utilizados para su entrenamiento (art. 19), de documentación técnica detallada (art. 11), de registro de actividad, transparencia sobre quién es responsable de su despliegue (art. 13), de medidas de supervisión humana (art. 14), de niveles de precisión (art. 15) y de evaluación de impacto sobre los derechos fundamentales que pueda suponer el sistema (art. 27).

Más allá de ello, vemos necesario tener en cuenta lo dicho en el considerando 27 RIA sobre determinadas directrices éticas aplicables a los sistemas de IA. En este se hace alusión a que, aunque es el enfoque basado en el riesgo la base de un conjunto de normas vinculantes, "es importante recordar las Directrices éticas para una IA fiable, de 2019, elaboradas por el Grupo independiente de expertos de alto nivel sobre IA creado por la Comisión". En ellas se desarrollaron siete principios éticos no vinculantes para la IA: (1) acción y supervisión humanas; (2) solidez técnica y seguridad; (3) gestión de la privacidad y de los datos; (4) transparencia; (5) diversidad, no discriminación y equidad; (6) bienestar social y ambiental, y (7) rendición de cuentas. Por ello, sin perjuicio de los requisitos jurídicamente vinculantes del RIA, estas directrices contribuyen, según el legislador europeo, al diseño de una IA coherente, fiable y centrada en el ser humano, en consonancia con la Carta y con los valores en los que se fundamenta la Unión.

Sobre la concreta directriz que en este trabajo nos interesa, el grupo de expertos ha entendido por "diversidad, no discriminación y equidad" que los sistemas de IA se deberán desarrollar y utilizar de un modo que incluya a diversos agentes, promoviendo la igualdad de acceso, de género y la diversidad cultural, al tiempo que se evitan los efectos discriminatorios y los sesgos injustos prohibidos por el Derecho nacional o de la Unión. El legislador europeo entiende, por tanto, que la aplicación de estos principios debe traducirse, cuando sea posible, al diseño y el uso de modelos de IA, y anima "a la industria, el mundo académico, la sociedad civil y las organizaciones de normalización" a que tengan en cuenta "los principios éticos para el desarrollo de normas y mejores prácticas voluntarias".

Todo lo anterior, si bien redactado en términos de *soft law* y recomendaciones, nos faculta para defender que los sesgos de género que se aprecian en los asistentes virtuales deberán evitarse ya desde el mismo diseño de estos sistemas.

1.2 La voz (mayoritariamente femenina) de los asistentes virtuales

A los asistentes virtuales se les ha dotado, desde sus inicios, de una "personalidad" concreta, no en el sentido de personalidad jurídica, sino en el de apariencia humana. Que se les den rasgos antropomórficos concretos se justifica porque, según los estudios, favorece la interacción de los usuarios con ellos. Por un lado, los diálogos duran más y, por otro, la actitud del usuario es más positiva al disminuir la "distancia psicológica" con el asistente, estableciendo una confianza e incluso empatía hacia el *chatbot* de voz (Janson, 2023).

Por defecto, las representaciones de los asistentes virtuales más conocidos son femeninas: Alexa (Amazon), Siri (Apple) y Cortana (Microsoft), son indiscutiblemente representaciones del sexo femenino. Ello se logra con voces, avatares, paletas de colores y lenguajes asociados a las mujeres (*ibid.*: 2). Al tratar de recrear conversaciones que se asemejen todo lo posible a las experiencias humanas, sus creadores están fundándolas en una "identidad femenina" cuya justificación podemos encontrar, en síntesis, en la asociación de lo servicial y complaciente a las voces femeninas y de las afirmaciones autoritarias a las masculinas. Esto está indudablemente relacionado con los roles que tradicionalmente ha ocupado la mujer en la sociedad: de cuidadoras, secretarias, enfermeras y asistentes en general[16]. Tradicionalmente, desde el ámbito de la comunicación se ha asociado el discurso de las mujeres al apoyo, al compromiso, a mitigar conflictos, a la cortesía y a la pasividad, mientras que el de los hombres al individualismo, asertividad, credibilidad, confianza y liderazgo (*ibid.:* 3). De hecho, esta diferenciación por sexos no solo acontece con el discurso proyectado en los asistentes virtuales, sino que podemos extrapolarlo a otras manifestaciones de los roles de género y cómo impactan en la IA. Por ejemplo, en los cada vez más frecuentes *deepfakes*, también mencionados en el RIA[17]. Ya hay estudios que señalan que los *deepfakes* sobre hombres suelen referirse a lo que dicen o hacen, quedando relacionados con el humor, la política o, en

---

[16]   Un informe de la ONU, firmado por WEST / KRAUT *et. al.*, "I'd blush if I could. Closing Gender Divides in Digital Skills Through Education", 2019, analiza los sesgos de género de estas aplicaciones, denunciando que, aunque su uso ya ha superado con creces la fase experimental para colarse en todo tipo de productos de consumo (especialmente móviles, *GPS* de vehículos y ordenadores), todavía no se ha examinado con la necesaria perspectiva de género. El estudio es de acceso libre en https://unesdoc.unesco.org/ark:/48223/pf0000367416.page=1 [Fecha de última consulta: 27/03/2025]. *Vid.* especialmente p. 100.

[17]   En este sentido, véase el art. 50.4 RIA, que establece obligaciones de transparencia a los responsables del despliegue de sistemas de IA que generen *deepfakes*: "los responsables del despliegue de un sistema de IA que genere o manipule imágenes o contenidos de audio o vídeo que constituyan una ultrasuplantación harán público que estos contenidos o imágenes han sido generados o manipulados de manera artificial".

definitiva, "moviendo la acción"; mientras que los *deepfakes* de mujeres suelen referirse a escenas eróticas o pornográficas, a ser objetos o sujetos pasivos (Cerdán y Padilla, 2019: 516).

Una de las explicaciones dadas a esta concreta configuración de los asistentes como femeninos se refiere a la brecha de género que continúa existiendo entre los creadores de estos sistemas, donde las mujeres asumen solo un 22% de los puestos tecnológicos de las empresas europeas[18]. Esta falta de diversidad, al igual que sucede en muchos otros ámbitos (Valpuesta, 2010)[19], genera que se representen mayoritariamente las preferencias de un grupo de personas[20].

Si atendemos a la directriz que la UE da en el ya mencionado considerando 27 RIA sobre la necesidad de que los sistemas de IA sean diversos y no discriminen, se debería evitar por parte de los desarrolladores

---

[18] El porcentaje se ha extraído del análisis realizado por la consultora Mckinsey sobre la base de datos de Eightfold, una plataforma de Inteligencia Artificial que reunió más de 60 millones de perfiles de trabajadores europeos y más de 1 millón de perfiles tecnológicos. Se puede consultar aquí: https://www.mckinsey.com/capabilities/mckinsey-digital/our-insights/women-in-tech-the-best-bet-to-solve-europes-talent-shortage#/ [Fecha de última consulta: 27/03/2025].

[19] Por todos, véase el trabajo de Rosario Valpuesta (2010), que destaca la importancia de asumir la diversidad de la ciudadanía: "se puede afirmar que una de las cuestiones llamadas a centrar el debate político del presente siglo es la asunción de la diversidad de la ciudadanía, manifestada en la multiplicidad de posiciones genéricas, cada una de las cuales aporta una visión de la realidad que le rodea, de los problemas que les son relevantes y de las medidas a tomar que difieren del patrón único en torno al cual se construyó el sujeto activo".

[20] Así lo ha entendido Susana Navas (2021), para quien los sesgos se encuentran en el diseño y entrenamiento del sistema, por reproducir sus desarrolladores (profesionales que solo en un 22% son mujeres) sus propios sesgos o los presentes en el inconsciente colectivo y utilizar datos que reflejen mayoritariamente la experiencia masculina en el manejo de la IA.

de *VPA* caer en las mencionadas concepciones discriminatorias sobre roles de género asociados a las mujeres. Los nombres, los avatares, y sobre todo las voces asociadas a estos asistentes, por un lado, claramente perpetúan el tradicional rol de mujer asistenta y cuidadora. Por otro lado, aunque más sutilmente, en muchos casos también sexualizan al *VPA*, siendo el ejemplo más llamativo el de Cortana, que la representan como un holograma de mujer semidesnuda.

Por último, en el caso de que un *VPA* determinado se estuviese utilizando en el seno de un sistema de IA calificado de alto riesgo, entendemos que los sesgos que se acaban de analizar deberían, al menos, ser evaluados para ver si se alcanzan los criterios de calidad de los datos utilizados para su entrenamiento, según estipula el art. 19 RIA.

2. OBJETIVO Y METODOLOGÍA

El objetivo principal de la actividad ha sido que el alumnado aprendiese que existen sesgos de género en los asistentes virtuales de voz que han de ser detectados para poder ser paliados. Para ello, el enfoque fue más general que lo explicado *supra*, dado que se trataba de menores de entre 14 y 16 años, por lo que los contenidos jurídicos, de género y de IA se debían adaptar a dicha franja de edad.

En consecuencia, se establecieron los siguientes objetivos específicos:

1. Explicar qué es la voz y qué hace diferentes a unas voces de otras.

2. Entender qué es un asistente inteligente de voz e identificar los más conocidos.

3. Analizar los usos dados a los asistentes virtuales y la personificación que se hace de los mismos.

4. Comparar las concepciones estereotipadas asociadas a las voces de mujeres y de hombres, asociando lo servicial con las femeninas y lo autoritario con las masculinas.

5. Entender que el Derecho tiene herramientas para mitigar y eliminar los sesgos de género como los presentes en los asistentes virtuales.

6. Comprender las causas de que existan sesgos de género en aplicaciones que utilizan la Inteligencia Artificial, referidas a los creadores del sistema y a su entrenamiento con datos sesgados.

7. Comparar los sesgos de los asistentes inteligentes de voz con las voces de algunas *influencers*.

8. Comprender la importancia de la diversidad humana a la hora de diseñar y utilizar los asistentes de voz.

La metodología utilizada fue la exposición de contenidos de forma simultánea a la solicitud de participación del alumnado en cada uno de los puntos a tratar. Todo ello se acompañó de una presentación de diapositivas con muy poco texto y algunas imágenes, enlaces a vídeos y diagramas. Desde el comienzo de la actividad hasta su término se fueron formulando preguntas para que respondiesen a mano alzada, se reprodujeron audios para que identificasen voces reconocibles, se pidió que cerrasen los ojos para que adivinasen la voz de alguna de sus compañeras y compañeros, o se proyectó un vídeo con el objeto de que comentasen qué asistente virtual estaba detrás de la voz de la mujer que se escuchaba. También se fomentó, al final de la actividad, un pequeño debate sobre las voces "aniñadas" y serviciales de varias *influencers*.

3. PROPUESTA DIDÁCTICA

La propuesta se dirigió a alumnado de tercero y cuarto de Educación Secundaria Obligatoria, realizándose simultáneamente para ambos cursos. En total, asistieron un centenar de estudiantes.

La duración de la actividad fue de una hora. En ella se combinó la explicación de ciertas cuestiones siempre desde la participación del alumnado: por medio de preguntas dirigidas a ellos y ellas o de la proyección de material audiovisual sobre el que tenían que adivinar y comentar cuestiones. En la parte final se apeló a creadores de contenido conocidos por la juventud en los que se aprecian los sesgos de género que se trataron en la charla.

La primera parte de la conferencia se dedicó a explicar, por un lado, qué es la voz desde el punto de vista fisiológico, qué hace diferentes a nuestras voces y cuáles son sus características principales. Para ello, se comenzó pidiendo al estudiantado que cerrase los ojos para ver si era capaz de reconocer las voces de sus compañeros y compañeras. La profesora tocaba sutilmente la cabeza de algún estudiante para que dijese "hola" y pudiese ser identificado o identificada. A continuación, se reprodujeron varios audios con voces de cantantes, locutores de radio, actrices y actores de doblaje, así como de otros personajes conocidos para ilustrar los diferentes timbres presentes en las voces y su capacidad para llegar a un gran público a través de su voz. En concreto, se reprodujeron grabaciones de la actriz que da voz a Marge Simpson, del cantante Freddie Mercury, del periodista Matías Prats y de la cantante Montserrat Caballé. Tras la escucha de los audios, las alumnas y alumnos trataban de adivinar a quién pertenecían, acertando en su mayoría, salvo la última cantante mencionada, a quien solo un alumno ciego y con unos conocimientos y sensibilidad musicales loables fue capaz de reconocer. Con ello se analizó la capacidad para identificarnos que tienen nuestras voces, así como los parámetros de los que se componen los sonidos (duración, intensidad, altura o tono), y lo que hace que nuestras voces sean diferentes (el timbre, característica que da "color" a cada voz y que se compone de los formantes y armónicos). Asimismo, se explicaron las funciones que tiene una voz: como vía de comunicación y expresión, como instrumento musical y de trabajo, y como rasgo identificativo de las personas.

Una segunda parte de la actividad consistió en explicar, muy brevemente y de forma extremadamente sencilla, la función de las normas jurídicas, las diferentes ramas del Derecho y la protección que este otorga
a los atributos de las personas a través de la categoría de derechos de la
personalidad. Así, los alumnos y las alumnas entendieron las garantías
que ofrece nuestro ordenamiento jurídico en torno al derecho a la propia imagen, dentro del cual, en nuestro sistema jurídico, se puede integrar la protección jurídica de la voz. Se utilizaron ejemplos como subir
una foto a una red social o enviar un vídeo por dispositivos electrónicos,
supuestos en los que quedó claro que debe constar el consentimiento
expreso del titular, o de sus representantes legales si son menores y todavía no tienen la madurez suficiente para consentir. Compararon el valor económico que puede presentar una voz dependiendo de quién sea
su titular y entendieron que también hay un elemento moral presente
en estos derechos.

La tercera parte de la actividad abordó la materia principal: el análisis de los asistentes virtuales con un enfoque de género. Se comenzó
proyectando un vídeo en el que aparecía la locutora y profesora Iratxe
Gómez, quien durante muchos años fue la voz de la aplicación Siri, a pesar de que a ella nunca le comunicaron que las grabaciones que hizo en
su día para una empresa acabarían en el gigante tecnológico Apple. Se
preguntó al alumnado por las principales funciones que tiene un asistente virtual o las cuestiones que ellos y ellas mismas normalmente les
preguntaban a *Siri, Alexa* y *Cortana*. Asimismo, se comentó el significa-
do que tenia el nombre *Siri* en noruego ("hermosa mujer que guía a la
victoria"), así como el origen de *Cortana*, holograma de mujer extraída
de un videojuego. El estudiantado, por sí mismo, llegó a la conclusión de
que los nombres y las voces de la mayoría de los asistentes virtuales, o
al menos de los más conocidos, pertenecían exclusivamente a mujeres.
Lo cual se relacionó con la concepción de asistenta que se tiene actualmente en la sociedad, que la misma RAE define no solo como aquella
"persona que realiza labores de asistencia", sino también como "mujer

que trabaja haciendo tareas domésticas" o incluso, en su última acepción, "criada que servía en el palacio real a damas".

Los y las estudiantes entendieron que la utilización mayoritaria de voces de mujeres en los asistentes virtuales no resultaba una opción baladí para las tecnológicas. Concretamente, las voces elegidas pertenecen a un rango de edad presumiblemente joven, estableciendo un perfil de mujer agradable, cuyas respuestas a preguntas y órdenes deben complacer al oyente y usuario, no solo en cuanto al contenido de lo dicho, sino también en la forma de expresarlo. Se pretende del asistente disponibilidad ilimitada para el usuario, quien ordena servir, complacer y entretener: verbos todos ellos asociados al rol de mujer que sirve de apoyo y cuidado, perpetuando la concepción (y realidad) social de los cuidados como una tarea eminentemente femenina. Lo que se busca es esa amabilidad y predisposición de una buena "asistenta" que, aunque virtual, tiene una apariencia muy humana. Se concluyó que, al asemejar todo lo posible las experiencias humanas a las conversaciones con las asistentas virtuales, sus creadores las estaban fundando en una identidad femenina, asociando lo servicial y complaciente a las voces femeninas. Mientras que, por el contrario, las voces masculinas se asocian a lo autoritario, utilizadas para tecnologías en las que se dan órdenes al usuario, no las que permiten "conversar" con él.

Ello traería causa, entre otros motivos, en la brecha de género que existe en los equipos de creadores de sistemas de IA, así como en el propio entrenamiento del sistema, que utiliza datos sesgados. Brevemente se mencionó que la Unión Europea acababa de promulgar un Reglamento sobre Inteligencia Artificial que establecía obligaciones para los creadores y distribuidores de estos sistemas dependiendo del nivel de riesgo que presentasen para la salud o los derechos fundamentales, así como recomendaciones o directrices para evitar los sesgos, en este caso de género, en los sistemas de IA.

Por último, se terminó la actividad relacionando las voces de estas asistentas virtuales con aquellas "voces" y entonaciones utilizadas por algunas *influencers* o creadoras de contenido[21]. Comprobaron que varias de ellas imitan ese tipo de voz aniñada, servicial y complaciente. Incluso, se relacionó con el modelo de *tradwife* (esposa tradicional) que, en especial en Estados Unidos, Asia y Latinoamérica, vuelven a promover conocidas creadoras de contenido, explicando los riesgos que ello conlleva para la perpetuación de los sesgos de género que acabábamos de comentar.

4. CONCLUSIONES

La experiencia se consideró muy positiva. Si bien se tuvo que hacer un esfuerzo por adaptar contenidos jurídicos y de género normalmente explicados a estudiantes universitarios –o ni siquiera, dado que muchas de estas cuestiones solo se tratan en foros de profesores o juristas– creemos que el alumnado entendió lo básico. Vemos importante que se percaten de los sesgos de género presentes en las aplicaciones tecnológicas que utilizan a diario, en especial en las que han visto incrementadas sus funcionalidades gracias a la Inteligencia Artificial, como sucede con los *VPA*, y que sepan que el Derecho tiene herramientas para mitigar dichos sesgos. También aprendieron que el caso de los asistentes de voz (más bien, "las asistentas") es una muestra más de la importancia que tiene la voz para la construcción de la identidad y de los roles asociados a esa identidad.

---

[21]   En concreto, se utilizó el ejemplo de la conocida como *Roro*, veinteañera que se ha convertido en fenómeno *influencer* explicando, impecablemente maquillada y vestida, las recetas de cocina que prepara para su novio, y los cuidados con los que le atiende.

5. REFERENCIAS BIBLIOGRÁFICAS

Cerdán Martínez, Víctor y Padilla Castillo, Graciela. (2019). Historia del "fake" audiovisual: "deepfake" y la mujer en un imaginario falsificado y perverso. *Historia y Comunicación Social*, 24(2), 505-520. https://doi.org/10.5209/hics.66293

Janson, Andreas. (2023). How to leverage anthropomorphism for chatbot service inteface: The interplay of communication style and personification. *Computers in Human Behavior*, 149, 1-17. https://doi.org/10.1016/j.chb.2023.107954

Li, Xiaochang y Mills, Mara. (2019). Vocal Features. From Voice Identification to Speech Recognition by Machine. *Technology and Culture*, 60, 129-160. https://doi.org/10.1353/tech.2019.0066

Muñoz Guillena, Rafael. (2024). *Procesamiento del lenguaje natural como eje central de la inteligencia artificial generativa*. Logroño: Servicio de Publicaciones de la Universidad de la Rioja.

Navas Navarro, Susana. (2021). La perspectiva de género en la inteligencia artificial. *Diario la Ley*, 48, 1-22.

Posner, Eric A. y Saran, Shivam. (2025). Judge AI: Assessing Large Language Models in Judicial Decision-Making. *Research Paper nº 25-03 of the Coase-Sandor Institute for Law and Economics*, January 2025, 1-41. http://dx.doi.org/10.2139/ssrn.5098708

Valpuesta Fernández, Rosario. (2010). Diversidad y ciudadanía: una aproximación desde el pensamiento feminista. *Anuario de Derecho Civil*, Tomo LIII, 1053-1123.

West, Mark; Kraut, Rebecca y Chew, Han Ei. (2019). *I'd blush if I could. Closing Gender Divides in Digital Skills Through Education*. EQUALS Skills Coalition (UNESCO). Disponible en https://unesdoc.unesco.org/ark:/48223/pf0000367416.page=1

PORNOGRAFÍA SINTÉTICA, ¿CON NUESTRA IMAGEN?

Carmen Ruiz-Repullo
Departamento Sociología
Universidad de Granada
ORCID ID: 0000-0002-8710-8449

SUMARIO: 1. Introducción. 2. El contexto de pornificación social en la adolescencia. 3. La pornografía y su impacto en la adolescencia. 4. El espacio digital y su reproducción de la violencia sexual. 5. La Inteligencia Artificial como herramienta para la violencia sexual. 6. Y ahora, ¿qué? Refle-acciones. 7. Bibliografía.

1. INTRODUCCIÓN

Entender la violencia sexual generada a través de la inteligencia artificial, lo que se conoce como *Deepnudes, Deepfake* pornográficos o Pornografía sintética, nos conduce a analizar el contexto actual que rodea la impunidad de quien agrede y acrecienta la victimización de mujeres y niñas en todo el mundo. Los estudios sobre la dimensión de género de la violencia en línea indican que el 90% de las víctimas de distribución digital no consensuada de imágenes íntimas son mujeres (ONU, 2018). A esto hay que añadir la escasa regulación y normativa existente en esta materia lo que genera cierta desprotección ante estas formas de violencia (Mania, 2022).

Las primeras imágenes creadas con inteligencia artificial (IA) tuvieron lugar en 2017 y fueron compartidas en *Reddit*. Sin embargo, el foco en este tipo de violencias sexuales alcanza protagonismo cuando mujeres famosas, Jennifer Lawrence, Scarlett Johansson y más tarde Taylor Swift o Rosalía entre ellas comenzaban a denunciar que circulaban en las redes sociales imágenes suyas desnudas que no eran reales, que estaban creadas con IA. En mayo de 2023 Rosalía escribía en su perfil de Twitter (ahora X)[22]:

> "El cuerpo d una mujer n es propiedad pública, no es una mercancía xa tu estrategia d marketing. Esas fotos estaban editadas y creaste una falsa narrativa alrededor cuando ni t conozco. Existe algo llamado consentimiento y todos a los q os pareció gracioso o plausible espero de corazón q un día aprendáis q venís d una mujer, q las mujeres somos sagradas y que se nos ha de respetar bye"

Era la respuesta que la artista daba a quien había utilizado su imagen para promocionarse en el ámbito artístico. Y, aunque la imagen fue retirada, la polémica y el daño estaban hechos. A principios de 2024 fue Taylor Swift[23] quien sufría este tipo de violencia sexual creada con IA, aunque sus imágenes tardaron más en retirarse de la plataforma X y de *Instagram* llegando a contar con millones de visitas.

Según datos del informe *State of deepfakes* (Home Security Heroes, 2023), el 99% de las víctimas son mujeres. El impacto de este tipo de violencia es tal que entre 2022 y 2023, la cantidad de *Deepfake* pornográficos aumentó un 464%, pasando de 3.725 vídeos en 2022 a 21.019 en 2023. Además, uno de cada dos hombres que han participado en el estudio,

---

[22]   Disponible en: https://x.com/rosalia/status/1661452625668194314?refrc=twsrc%5Etfw%7Ctwcamp%5Etweetembed%7Ctwterm%5E1661452625668194314%7Ctwgr%5Ebdc0892e4bffb541fdbe-37d1e50563b6992d7781%7Ctwcon%5Es1_&ref_url=https%3A%-2F%2Fes-us.finanzas.yahoo.com%2Fnoticias%2Fdeepfake-pornografico-inteligencia-artificial-manipulacion-fotos-rosalia-113852892.html

[23]   Disponible en: https://elpais.com/tecnologia/2024-01-26/la-red-se-llena-de-porno-deepfake-de-taylor-swift-y-muestra-el-peligro-de-la-ia-para-las-mujeres.html

afirma haber visionado este tipo de contenidos sexuales modificados tecnológicamente.

En nuestro país, los datos sobre ciberdelitos sexuales muestran que cerca del 85% de las víctimas que denuncian, son menores, dos de cada tres chicas (Ministerio del Interior, 2023). A este respecto, una de las manifestaciones de ciberviolencia sexual que está aumentando son los *Deepnudes* o los desnudos realizados con inteligencia artificial (IA) siendo el caso de Almendralejo (Badajoz) uno de los más mediáticos, aunque antes y tras el mismo han surgido otras denuncias similares. Ante esto, en el texto nos planteamos: ¿qué papel juega la pornografía en la proliferación de este tipo de delitos?, ¿al ser imágenes sexuales creadas con IA tienen menor impacto en las víctimas?, ¿qué daño social producen este tipo de imágenes modificadas?, ¿qué finalidad buscan quienes crean y comparten este tipo de imágenes pornificadas?, ¿qué medidas son necesarias para frenar estos ciberdelitos sexuales?

2. CONTEXTO DE PORNIFICACIÓN SOCIAL EN LA ADOLESCENCIA

Como cabía esperar, todo avance en materia de igualdad viene seguido de una época de reacción por parte de quienes ven en riesgo su poder, ya lo identificó décadas antes Susan Faludi (1993) cuando hacía referencia a la reacción que sufrían las mujeres tras una tercera ola de feminismo que las hacía avanzar en derechos y libertades. Actualmente, la reacción patriarcal tiene una clara prevalencia en lo digital y ha tomado nuevas formas de continuidad a través de la pornografía y la hipersexualización de las mujeres, ambos conceptos centrales de la pornificación, un fenómeno social sostenido sobre dos grandes estructuras de poder: el patriarcado y el neoliberalismo. Ambas actúan de manera conjunta, pero con un método ordenado. Al patriarcado le corresponde la primera de las tareas: cosificar a las mujeres, un acto que deja al neoliberalismo el camino más fácil: comerciar con aquello que no se entiende persona, sino cosa, en este caso, las mujeres.

La primera autora que conceptualizó el término *pornificación* fue Pamela Paul (2005), en un texto donde realiza una crítica sobre cómo la pornografía estaba afectando a todos los ámbitos de la vida, centrándolo especialmente en el contexto norteamericano. La pornografía ha impregnado de sexo ámbitos que hasta entonces permanecían alejados, llegando a colonizar la socialización de niñas y adolescentes. El proceso de socialización en la infancia y adolescencia no podemos analizarlo al margen de las redes sociales o de los espacios digitales en los que habitan. Ya no sólo educa y socializa la familia, la escuela y el grupo de iguales, las pantallas se convierten en feroces instrumentos de instrucción, aunque como ocurre con el resto de agentes socializadores, no promueven los mismos mandatos para unas y para otros. Si a esto sumamos la variable de la sexualidad, el cóctel que encontramos es lo que podríamos denominar *pornosocialización*, proceso que comienza desde la infancia incorporando el componente sexual en la configuración de la masculinidad y la feminidad, pero con finalidades desiguales a la vez que complementarias, como todo proceso de socialización basado en el género. Las mujeres son socializadas como objetos sexuales para agradar y los hombres como sujetos sexuales y demandantes de agrado.

La sexualización de la niñas y adolescentes, como el resto de mecanismos que conducen a perfilar el modelo de feminidad, comienza a ser un eje central en el proceso de socialización desde sus distintos agentes (familia, escuela, medios de comunicación y grupo de iguales). No sólo hay que ser buenas, sino ser guapas, sexualmente agradables y agradantes, convirtiendo el atractivo sexual "en parte fundamental del nuevo modelo normativo que se exige a adolescentes y mujeres adultas" (Cobo, 2015: 14). En este proceso de sexualización femenina, los medios de comunicación y los espacios digitales juegan un papel esencial, al reproducir el imaginario simbólico de la feminidad. Esta sexualización de las niñas comienza de la mano de la sociedad de consumo, lo que venden es capital erótico para niñas y mujeres (Illouz y Kaplan, 2020). Comenzando por las muñecas, siguiendo por los dibujos animados, los videojuegos, los vídeos musicales, los programas de televisión, las redes sociales y un sinfín de instrumentos de socialización cuya finalidad no es otra que reforzar la idea de que las mujeres, independientemente de la edad, son visibles cuando responden al modelo dominante.

En la actualidad, a todo esto, habría que sumarle la manipulación e imposición de la belleza femenina a través de los espacios tecnológicos y especialmente en las redes sociales. Mostrarse bella y exhibir un cuerpo normativo forma parte de la exigencia esperable de las más jóvenes. Para eso también están las *Influencers, Instragramers* y *Tiktokers*, que sirven de modelaje para encajar en un cuerpo ideal e irreal esculpido a través de filtros que generan insatisfacción constante desde edades muy tempranas y conduce a trastornos de la conducta alimentaria que no han dejado de aumentar en los últimos años[24].

Esta imposición de explotar el capital sexual desde la infancia ha conducido a la eclosión de algunos fenómenos que refuerzan la pornosocialización de las niñas y adolescentes, hablamos de mensajes que lideran los algoritmos de sus redes sociales mediante *reels* de *Instagram* y/o *trends* de *Tiktok* que se viralizan en tres fenómenos: *Skincare, GRWM y Haul.* El fenómeno conocido como *Cosmeticorexia*[25] se caracteriza por obsesión compulsiva de las menores por el universo de los cosméticos, del *skincare* y del maquillaje. Se trata de un fenómeno que nace en las redes sociales, especialmente en *Tiktok* e *Instagram*, a partir de vídeos donde niñas, adolescentes e *influencers* muestran cual es su rutina cosmética, que hacen para estar guapas, cómo se cuidan la piel, el pelo, las uñas. En el fondo de todo esto, lo que se advierte es una merma de la autoestima de las mujeres desde la infancia, una idealización de la belleza que las hace evaluarse duramente si no alcanzan aquello que se espera de ellas. Junto a la *cosmeticorexia*, nos encontramos con el fenó-

---

[24]   Disponible en: https://www.tca-aragon.org/2023/03/02/1-de-cada-5-jovenes-en-el-mundo-podria-tener-un-tca/

[25]   Disponible en: https://elpais.com/ideas/2024-02-10/de-la-cultura-de-la-dieta-a-la-maldicion-de-la-skincare.html

meno *GRWM* (Get Ready With Me o Arréglate conmigo), una tendencia viral en las redes sociales que muestra a niñas, adolescentes, jóvenes e *influencers,* arreglándose delante de una cámara, haciendo todo el proceso de vestirse, peinarse, maquillarse, hasta alcanzar el prototipo esperado. Se trata de vídeos que buscan audiencias tras su conexión con las chicas, identificando no sólo los productos necesarios para alcanzar la versión final, sino un modelo corporal estandarizado desde edades tempranas. Por último, nos encontramos con el fenómeno *Haul,* que se caracteriza por mostrar delante de una cámara las últimas compras de ropa y accesorios de marcas conocidas entre la adolescencia y la juventud. El vídeo suele comenzar con la llegada de una bolsa o caja donde se encuentran los productos adquiridos y donde se van mostrando y probando para generar un feedback con la audiencia: "¿te gusta?, ¿me lo quedo?, ¿lo devuelvo?".

Todos estos fenómenos conducen a hipersexualizar y cosificar a las niñas, adolescentes y jóvenes haciéndoles creer que su principal valor social se encuentra en sus cuerpos, por ello hay que "cuidarlos" y dedicar tiempo a ellos para alcanzar un reconocimiento por parte de sus iguales, especialmente los chicos. Sin embargo, esta sobreexposición sexual de las menores facilita a los perpetradores ejercer delitos sexuales con la ayuda de las tecnologías, sus cuerpos están disponibles para la violencia, lo que hemos podido comprobar en su multiplicación y diversificación en los últimos años (Powell y Henry, 2019). En este sentido, no queremos afirmar que la presencia sexualizada de niñas, adolescentes y mujeres sea la causante de que sufran violencias sexuales facilitadas por la tecnología, más bien centramos el foco en cómo son percibidas por la mirada masculina, en cómo su hipersexualización, disfrazada de falso empoderamiento, sirve incluso de justificación de quienes las agreden.

Entender la violencia sexual digital sin entender el contexto en el que se inscribe nos hace "mirar el dedo y no la luna", conduce a analizar las consecuencias sin identificar las causas. El problema no radica únicamente en los espacios digitales, sino en el contexto patriarcal que los impregna. Como argumenta Delfino (2019), las redes sociales están llenas de imágenes que reflejan nuestra vida cotidiana, no estamos libres de que estas imágenes sean extraídas y modificadas digitalmente colocándolas en el cuerpo de otra persona que realiza actos sexuales explícitos, convirtiéndote en viral de algo falso y dañino del que no tenías conocimiento.

3. LA PORNOGRAFÍA Y SU IMPACTO EN LA ADOLESCENCIA

La pornificación de la sociedad no se refleja únicamente en la hipersexualización de las mujeres, también en la erotización de la violencia a través de la pornografía. Las investigaciones que se están realizando en los últimos años advierten que el consumo de pornografía por parte de menores es un hecho cada vez más frecuente. Según el estudio realizado por Milano (2022), aproximadamente el 81% de adolescentes reconoce que ve pornografía de forma ocasional o algunas veces a la semana, mientras que solo el 18,2% admite un consumo frecuente, es decir, a diario. En nuestro país, se han realizado diversas investigaciones en la última década que apuntan a que el consumo es cada vez más temprano y que el impacto negativo en sus vidas y en sus relaciones sexuales es una realidad.

En la investigación de Ballester y Orte (2019) realizada en España, se muestra que en torno a un 25% de la adolescencia y la juventud, mayoritariamente chicos, opina que la pornografía afecta a la imagen que se tiene sobre las mujeres, relacionándolas generalmente como objetos de placer. Por su parte, el informe de Save the Children de 2020 titulado *(Des)información sexual: pornografía y adolescencia*, a diferencia del anterior, se ha centrado únicamente en menores, en adolescentes de trece a diecisiete años. Entre sus principales hallazgos destaca que el 62,7% ha visto pornografía alguna vez en su vida (el 61,1% de chicos y un 38,9% de chicas). Más del 70% de quienes consumen pornografía piensa que los contenidos son violentos, pero cerca del 30% no percibe la violencia machista, la ha normalizado bajo el prisma de la erótica y el placer. Además, este estudio recoge que más del 52% de la adolescencia que ha participado en la investigación afirma que la pornografía ha influido mucho o bastante en sus relaciones sexuales. Teniendo en cuenta este dato y, considerando la principal argumentación de la industria de la pornografía ("lo que hacemos es ficción"), podemos pensar que algo ficcionado no sería posible reproducirlo. No podemos saltar de un edificio y agarrarnos a otro con una telaraña, esto sí es ficción, y lo sabemos. En cambio, las prácticas sexuales que se muestran en la pornografía pueden llevarse a cabo. Son reales y, por tanto, reproducibles. Siguiendo los argumentos de Marzano (2006), no se podría defender la violencia sexual hacia las mujeres únicamente argumentando que se trata de un producto ficcionado, lo que nos situaría en el mismo punto cuando se argumenta que los chistes machistas son humor, como si no supiésemos que el humor también es una herramienta del patriarcado para seguir promoviendo el ideal de mujer que requiere y promueve.

El *Informe de Juventud en España 2020* también analiza el consumo de pornografía entre la juventud de 15 a 29 años. Entre sus resultados destacamos que el 77% afirma haber visto pornografía, un porcentaje que aumenta al 85% cuando solo consideramos las respuestas masculinas. De nuevo, como en los estudios anteriores, uno de cada tres jóvenes afirma que se inspira mucho en el porno para sus relaciones sexuales, mayoritariamente los chicos. También encuentran que detrás del consumo por parte de las chicas se encuentra la curiosidad y, por parte de los chicos la masturbación. En esta línea, el estudio dirigido por Esther Torrado (2021), con una muestra de 2.432 personas de dieciséis a veintinueve años de Tenerife. Respecto a la edad de inicio en el consumo de pornografía, la media se sitúa en trece años, siendo inferior en el caso de los hombres: 12,7% frente a 14,08% en las mujeres. En relación al consumo en los últimos diez años, el 72,5% de los hombres lo afirmaron, mientras que en las mujeres alcanzó el 39,3%. Si nos centramos en el consumo del último mes, un 47,8% de la muestra afirma haberlo consumido, con una considerable ventaja por parte de los chicos. La causa del consumo de nuevo es similar a la de otros estudios: las mujeres acceden a pornografía principalmente para responder a la curiosidad, mientras que los hombres lo hacen más para excitarse o masturbarse. Por último, un 20,2% de las personas informantes, mayoritariamente varones, afirma tener cierto grado de adicción a la pornografía; un dato que coincide con la investigación de Ballester y Orte (2019). Por su parte, la investigación realizada con adolescentes y jóvenes de 16 a 29 años, *Juventud, pornografía y era digital. Consumo, percepción y efectos*, publicado en 2023 por FAD Juventud. Centro Reina Sofía, también muestra algunos datos importantes a este respecto: el 45% vio pornografía por primera vez entre los 12 y los 15 años, 1 de cada 4 vio pornografía por primera vez antes de los 12 años, un 49,5% afirma que la pornografía es una fuente de inspiración en sus relaciones sexuales y un 56% sostiene que la pornografía es un recurso para aumentar conocimientos sobre la sexualidad.

Centrada en la relación entre pornografía y violencia sexual, un estudio reciente de 2023 afirma que, aunque falta mayor profundización, existe una clara relación entre ambos. Por una parte, se especifica que la pornografía puede servir para legitimar la violencia entre iguales y el acervo en cuanto a ello entre los varones. Además, se añade que la visualización de contenidos pornográficos violentos puede desarrollar en las mujeres una mayor aceptación de la coerción, según algunos estudios. Por otra parte, la literatura científica que han revisado apunta igualmente a que el consumo de pornografía puede vincularse con la cosificación de la mujer y la transmisión de determinados roles de género y jerarquías sexuales, aunque hay artículos que no han encontrado evidencia respecto a esto (Mestre-Bach *et al.,* 2023).

No cabe duda que la pornografía, como apuntan diversas investigaciones a las que hemos hecho referencia, normaliza e incluso erotiza la violencia sexual sobre las mujeres. En este sentido, es importante tener en cuenta que, aunque chicos y chicas visualicen pornografía con contenido violento, el mensaje para unas y otros no es el mismo. Mientras que para los chicos legitima la violencia, normaliza determinadas conductas, para las chicas el mensaje es de normalización, aceptación, agrado. Con esto, podemos también extender que en las relaciones entre chicos y en las relaciones entre chicas, el impacto de la pornografía estará determinado también por los mensajes recibidos en función del género. En base a esto, podemos entender que la amplia mayoría de ciberdelitos sexuales tengan como protagonistas a mujeres, más aún si nos centramos en las imágenes modificadas con IA que las desnudan y las muestran en vídeos pornográficos, el porcentaje es aún mayor (Delfino, 2019; Home Security Heroes, 2023).

4. EL ESPACIO DIGITAL Y SU REPRODUCCIÓN DE LA VIOLENCIA SEXUAL

La violencia sexual no siempre se produce de la misma manera ni en el mismo lugar, por eso hablamos de una violencia que se va modificando e incluso adaptando a los tiempos, dando lugar a nuevas formas de discriminación e incluso a nuevas formas de violencia que aún ni siquiera están tipificadas como delito. En este sentido, Internet en general, y las redes sociales en particular, se han configurado como nuevos escenarios en los que tienen lugar, formas de violencia sexual que previamente se daban en espacios analógicos o presenciales junto a nuevas que sólo ocurren en este contexto virtual. Nos referimos a la *ciberviolencia sexual, violencia sexual digital* o *violencia sexual facilitada por la tecnología,* cualquiera de estos términos nos sirve para identificar al "conjunto de acciones de carácter sexualmente agresivo que se perpetran, reproducen y comparten gracias a las tecnologías de comunicación digital" (Powell y Henry, 2019: 5).

Todos los estudios y estadísticas sobre ciberviolencia sexual apuntan que la mayoría de los casos permanecen en silencio, no se denuncian. Diversos estudios han demostrado que la violencia sexual digital está altamente generizada, afectando de manera desproporcionada a las mujeres y niñas (European Institute for Gender Equality, 2017), aunque como veremos más adelante esta afirmación no se corresponde con los datos empíricos donde la distancia entre mujeres y hombres es más corta, aunque con matices diferentes que iremos analizando.

Según el *Informe sobre Delitos contra la Libertad Sexual de 2023*, se interpusieron 1.866 denuncias por ciberdelitos sexuales, de las cuales un 84,8% de las victimizaciones tuvo como protagonistas a menores, siendo la franja de 0 a 13 años aquella que presenta mayor concentración de casos. En cuanto al género, el 66% de las víctimas son mujeres y un 33% hombres. Un 11,4% de las personas detenidas e investigadas son menores de edad, mayoritariamente chicos.

Por su parte, el *Estudio sobre violencia sexual contra la infancia y la adolescencia en el ámbito digital* (2024), dirigido por Mutua Madrileña en colaboración con la Guardia Civil, refleja que tres de cada cuatro adolescentes y jóvenes (75,7%) ha sufrido algún tipo de violencia sexual digital en la infancia y adolescencia. Entre las formas de violencia sexual digital más frecuentes y que han afectado a 4 de cada 10 menores en España, se encuentran: recibir imágenes con contenido sexual sin haberlas solicitado (43,2%), recibir mensajes insistentes para quedar o buscar una relación (41,8%), ser objeto de comentarios sexuales no solicitados (40,2%) y acceder involuntariamente a contenidos pornográficos (39,6%). Entre las menos frecuentes, pero con mayor impacto en la vida de los y las menores de edad, están: presión para enviar contenido sexual personal (24,2%), ser espiado/a o controlado/a por pareja/expareja u otra persona (23,3%), chantaje con difundir contenido sexual (17,8%), reenvío de contenido sexual personal sin consentimiento (15,1%) y la creación de imágenes con IA para mostrar a la menor de edad desnuda (12,9%). Si atendemos a las edades donde tiene lugar esta ciberviolencia sexual, encontramos a la adolescencia como protagonista, en concreto aquella que se sitúa entre los 13,5 y los 15 años, con una incidencia superior en chicas (53%), aunque no a tanta distancia de los chicos (47%). En la mayor parte de los casos, el agresor en violencia sexual digital es conocido de la víctima y pertenece a su entorno (52,2%). Los desconocidos suponen en torno al 19% de los agresores y, en un 13,4% de los casos, son conocidos únicamente del mundo digital. En mayor parte son hombres (52,2%) y de una edad similar a la de la víctima o algo mayores (57,6%).

Según el informe *Generación expuesta. Jóvenes frente a la violencia sexual digital*, publicado en 2024 por FAD Juventud, el 60,6% de jóvenes ha experimentado algún tipo de violencia sexual digital, siendo la recepción de contenido erótico no solicitado y el acoso, las formas más comunes. Dentro de este grupo, las mujeres son las principales afectadas, un 28,7% ha recibido contenido sexual sin su consentimiento y un 18,8% ha sido acosada por adultos durante su infancia (Calderón-Gómez *et al.*, 2024).

Si nos centramos en la violencia sexual mediante IA, el informe de la FAD, entre el 11 y el 13% de jóvenes ha creado contenido de personas conocidas y de personas famosas, aumentando ligeramente quienes lo han compartido. En cuanto al género, los jóvenes afirman haber creado o difundido material sexual o íntimo en mayor porcentaje que las jóvenes. Centrado en la edad, la franja que va de los 16 a los 19 años, el 22,9% señala haber visto a gente de su entorno difundir contenido íntimo o sexual de personas conocidas, frente a un 9,2% que declara haberlo realizado alguna vez. Sin embargo, son los y las jóvenes (de 20 a 24 años) quienes se encuentran con una mayor exposición a la difusión de imágenes creadas con IA. Sin embargo, este dato como advierte el informe, necesita de un análisis de género para profundizar en el mismo: "los varones son principalmente víctimas de estas tecnologías cuando son usadas para insultar, trolear y coaccionar a otros varones, mientras que las mujeres son víctimas de prácticas de *nudificación* y otras formas de avergonzamiento" (Calderón-Gómez *et al.*, 2024: 87). Las consecuencias emocionales son graves, incluyendo vergüenza (30,5%), ansiedad (23,7%) y estrés (23,6%), siendo las mujeres más propensas a experimentar angustia y deterioro de la autoestima.

Además, la investigación recoge que los *Deepfakes* pornográficos o *Deepnudes* no sólo suponen una violación de la privacidad, sino que también refuerzan las dinámicas de opresión de género y clase, las personas con mayor situación de vulnerabilidad socioeconómica son quienes están más expuestas a la creación, difusión y circulación de contenidos sexuales generados por IA. Por último, se muestra que la generación de este tipo de imágenes sexuales o íntimas ayudadas por las tecnologías suele estar motivada por el deseo de ejercer daño sobre la víctima (39,6%), el morbo sexual (36,7%), el lucro económico (27,2%) o la diversión (25,4%) (Calderón-Gómez *et al.*, 2024: 51).

Otro estudio de la misma organización, FAD Juventud, advierte que un 23,4% de jóvenes han sido objeto de publicaciones de contenido personal sin su consentimiento en el ultimo año y un 23,8% afirma haber sufrido acoso sexual online, el 24,8% en el caso de las mujeres y 21,9% los hombres. A esto se suma que un 40,9% de jóvenes han recibido contenido de carácter sexual sin su consentimiento en el último año, en concreto, un 46,2% de las mujeres y un 35% de los hombres (Megías, 2024).

5. LA INTELIGENCIA ARTIFICIAL COMO HERRAMIENTA PARA LA VIOLENCIA SEXUAL

Cuando comenzábamos a conocer la llegada de la Inteligencia Artificial no imaginábamos, o sí, que tal avance sería utilizado para seguir reproduciendo violencia sobre niñas, adolescentes y mujeres. Sin embargo, no es casual que la aparición de contenido pornográfico falso utilizando imágenes de mujeres modificadas con IA, generalmente famosas, se compartiera por primera vez en 2017 en la plataforma *Reddit* (Beamonte, 2018; Cerdán y Padilla, 2019), un espacio inundado de subforos, llamados *subreddit*, en los que la cibermisoginia o la violencia sexual en cualquier de sus manifestaciones se viralizan (Bates, 2023).

El término *Deepfakes* hace referencia a los contenidos generados por IA pudiendo englobar en ellos cualquier imagen modificada o creada con esta herramienta digital. Se trata de crear imágenes o vídeos nuevos superponiendo la cara de una persona a un cuerpo que no es el suyo (Cerdán y Padilla, 2019; Gosse y Burkell, 2020). Una manipulación intencionada y consciente para hacer creer que alguien ha dicho o hecho algo que en realidad es mentira, se trata de una manipulación intencionada que generalmente ocurre en el ámbito de la política y de la pornografía (Okolie, 2023). Dentro de esta tipología encontramos los *Deepnudes* que se refieren a contenido sexual no consentido generado por IA y que posteriormente se comparten en páginas web pornográficas o en redes sociales (Beamonte, 2018).

Los *Deepnudes* son una forma de violencia sexual facilitada por la tecnología a través de la creación, exhibición y distribución no consentidas de imágenes sexuales (Ringrose *et al.*, 2022) que presenta un daño incalculable en las víctimas (Okolie, 2023). Su finalidad principalmente es hacer daño a las víctimas ya que la mayoría de quienes las crean son personas conocidas, más de la mitad parejas o exparejas (Karasavva y Forth; 2022). La facilidad de acceso y la gratuidad de este tipo de herramientas creadas para hacer *Deepnudes* ha generado mucho contenido pornográfico falso que ha llegado incluso a páginas de pornografía como Pornhub, que tuvo que quitar su categoría Deepfakes tras denuncias por imágenes no consentidas y manipuladas de actrices conocidas, como Scarlett Johansson (Cerdán y Padilla, 2019).

En septiembre de 2023 en Almendralejo (Badajoz), más de 20 niñas y adolescentes, con edades comprendidas entre los 11 y los 17 años, denunciaron ser víctimas de una aplicación que genera desnudos utilizando inteligencia artificial. Los artífices de estos desnudos fueron 15 compañeros del entorno y del centro educativo que argumentaron haberlo hecho como broma, encontrando así otro de los problemas de estos ciberdelitos sexuales, la normalización y legitimidad que siguen teniendo en nuestra sociedad.

En febrero de 2025, los Mossos d'Esquadra[26] alertaban del caso de cuatro menores de 15 años que creaban y compartían imágenes de chi-

---

[26]   Disponible en: https://elpais.com/espana/catalunya/2025-02-27/investigados-penalmente-cuatro-menores-por-manipular-y-compartir-imagenes-de-contenido-sexual-producidas-con-ia-en-un-instituto-de-barcelona.html

cas desnudas modificadas con inteligencia artificial y que más tardes compartían en *Telegram*. Un caso similar al que se denunciaba dos semanas antes en Palma de Mallorca[27] donde otro chico de 15 años era detenido por crear desnudos de compañeras con software de inteligencia artificial. Y a estos hay que sumar otros que han ocurrido en Villablino (León), La Almunia de Doña Godina (Zaragoza) y Huesca, entre otras denuncias.

En todos estos casos, se advierte un mismo patrón, chicos con una media de edad de 14 años que utilizan imágenes de chicas de la misma edad, principalmente conocidas, que modifican cogiendo sus caras e insertándolas en otras imágenes desnudas. En todos, las imágenes modificadas son compartidas en otras redes sociales, generalmente *WhatsApp, Telegram* o *Tiktok*, lo que impide el control de las mismas. Según los cuerpos y fuerzas de seguridad que han analizado estas imágenes, el grado de realismo que presentan conduce incluso a la duda de su modificación digital. Es más, la viralidad de este contenido sexual modificado y sin consentimiento, complica su rastreo en las distintas plataformas e impide que sean retiradas de las mismas. Es imposible, actualmente, saber si un contenido de este tipo generado en 2025 no vuelve a aparecer una década más tarde. Esto coloca a las víctimas de estos ciberdelitos sexuales

Entre las problemáticas que presenta este tipo de violencia sexual digital primero encontramos, la impunidad con la que se encuentran los perpetradores de este tipo de contenido sexual no consentido debido a la falta de una legislación a nivel internacional, europea y nacional. Segundo, la dificultad con la que se encuentran las víctimas para eliminar este tipo de contenido de las distintas plataformas donde se comparte, lo que las coloca en una situación de especial vulnerabilidad que provo-

---

[27] Disponible en: https://elpais.com/sociedad/2025-02-15/detenido-un-menor-en-palma-por-crear-desnudos-de-companeras-de-clase-con-inteligencia-artificial.html

ca efectos negativos como el trastorno de estrés postraumático, la reclusión y el autoaislamiento (Okolie, 2023: 8).

En este sentido, podemos imaginar cómo se sentiría una chica de 14 años que le han realizado una imagen sexual con IA y la han compartido entre sus contactos. Ella sabe que es mentira, pero también sabe qué tendrá consecuencias en forma de duda, burlas, miradas, comentarios e incluso comportamientos violentos. El impacto de este tipo de imágenes es aún impredecible, pero existe, al igual que el daño causado a las víctimas.

6. Y AHORA, ¿QUÉ? REFLE-ACCIONES

En los últimos años hemos asistido a una mayor regulación normativa y legislativa que ponga freno a las violencias sexuales que ocurren o se perpetran con ayuda de las tecnologías, el auge de este tipo de delitos actúa aprovechando la lenta regulación, especialmente a lo que se refiere a la inteligencia artificial (González-Pulido, 2023).

Frente a este tipo de delitos sexuales con la ayuda de la tecnología, es urgente una legislación que regule este tipo de contenidos y acabe con la impunidad de sus perpetradores. En nuestro país, se ha presentado un *Anteproyecto de ley orgánica para la protección de las personas menores de edad en los entornos digitales*[28], y se está avanzando en la reforma de la *Ley Orgánica 8/2021, de 4 de junio, de protección integral a la infancia y la adolescencia frente a la violencia*[29] en esta materia. Sin embargo, como bien sabemos, el hecho de contar con una legislación específica no acaba por sí misma resolviendo el problema. Junto a esta normativa debemos apostar por la educación digital de nuestras infan-

---

[28]   Disponible en: https://www.mpr.gob.es/servicios/participacion/audiencia-publica/Documents/VSGT%202024/2024-0921%20APLO%20menores%20entornos%20digitales/MAIN.pdf

[29]   Disponible en: https://www.boe.es/buscar/doc.php?id=BOE-A-2021-9347

cias y adolescencias que ponga el foco en la prevención y que acabe con el "desamparo digital" que están sufriendo.

Cuando nos referimos a la protección de menores y hacemos referencia al desamparo que en ocasiones sufren por parte de quienes les deben cuidar y proteger, olvidamos que de alguna manera también estamos desamparando a nuestras y nuestros menores cuando les damos una pantalla o varias sin ningún tipo de acompañamiento ni restricciones.

7. BIBLIOGRAFÍA

Bates, Laura. (2023). *Los hombres que odian a las mujeres.* Madrid: Capitán Swing.

Ballester, Lluís y Orte, Carmen. (2019). *Nueva pornografía y cambios en las relaciones interpersonales de adolescentes y jóvenes.* Barcelona: Octaedro.

Beamonte, Paloma. (2018). FakeApp, el programa de moda para crear vídeos porno falsos con IA". *Hipertextual* [blog]. 25 de enero de 2018. Disponible en: https://hipertextual.com/2018/01/fakea-pp-videos-porno-falsos-ia.

Calderón-Gómez, Daniel, Puente-Bienvenido, Héctor y García-Mingo, Elisa. (2024). *Generación expuesta: jóvenes frente a la violencia sexual digital.* Centro Reina Sofía de Fad Juventud. DOI: 10.5281/zenodo.14169647.

Cerdán-Martínez, Víctor y Padilla-Castillo, Graciela. (2019). Historia del fake audiovisual: deepfake y la mujer en un imaginario falsificado y perverso. *Historia y comunicación social,* 24(2), 505-520. DOI: 10.5209/hics.66293.

Cobo, Rosa. (2015). El cuerpo de las mujeres y la sobrecarga de la sexualidad. *Revista de Investigaciones Feministas,* 6, 7-19. DOI: 10.5209/rev_INFE.2015.v6.51376.

Delfino, Rebbeca A. (2019). Pornographic Deepfakes- Revenge Porn's Next Tragic Act- The Case for Federal Criminalization. Fordham Law Review, 88. Disponible en: https://ir.lawnet.fordham.edu/flr/vol88/iss3/2/.

European Institute for Gender Equality. (2017). *Cyber Violence Against Women and Girls.* Disponible en: https://eige.europa.eu/publications-resources/publications/cyber-violence-against-women-and-girls

Faludi, Susan. (1993). *Reacción. La guerra no declarada contra la mujer moderna*. Barcelona: Anagrama.

Fundación Mutua Madrileña. (2024). *Estudio sobre violencia sexual contra la infancia y la adolescencia en el ámbito digital*. Disponible en: https://www.fundacionmutua.es/documents/fmmestudio-violencia-digital-infancia-y-adolescencia.pdf.

González-Pulido, Irene. (2023). El uso de la inteligencia artificial generativa en la investigación de la ciberdelincuencia de género: ante el auge de los deepfakes. *IUS ET SCIENTIA: Revista electrónica de Derecho y Ciencia*, 9(2), 153–182. DOI: https://dx.doi.org/10.12795/IETSCIENTIA.

Gómez Miguel, Alejandro, Kuric, Stribor y Sanmartín, Anna. (2023). *Juventud y pornografía en la era digital: consumo, percepción y efectos*. Madrid: Centro Reina Sofía de Fad Juventud. Disponible en: https://www.centroreinasofia.org/publicacion/juventud-y-pornografia-en-la-era-digital-consumo-percepcion-y-efectos/.

Gosse, Chandell y Burkell, Jacquelyn. (2020). Politics and Porn: How News Media Characterizes Problems Presented by Deepfakes. *Critical Studies in Media Communication*, 37(5), 497–511. DOI: 10.1080/15295036.2020.1832697.

Home Security Heroes. (2023). State of Deepfakes. Realities, Threats and Impact. Disponible en: https://www.securityhero.io/state-of-deepfakes/#targeted-individuals.

Illouz, Eva y Kaplan, Dana. (2020). *El capital sexual en la modernidad tardía*. Barcelona: Herder.

Karasavva, Vasileia y Forth, Adelle. (2022). Personality, Attitudinal, and Demographic Predictors of Nonconsensual Dissemination of Intimate Images. *Journal of Interpersonal Violence*, 37(21-22). DOI: 10.1177/08862605211043586.

Mania, Karolina. (2022). Legal Protection of Revenge and Deepfake Porn Victims in the European Union: Findings From a Comparative Legal Study. *Trauma, Violence & Abuse*, 25(1), 117–129. DOI: 10.1177/15248380221143772.

Marzano, María Michela. (2006). *La pornografía o el agotamiento del deseo*. Buenos Aires: Manantial.

Megías, Ignacio. (2024). *Desde el lado oscuro de los hábitos tecnológicos. Riesgos asociados a los usos juveniles de las TIC*. Centro Reina Sofía de Fad Juventud. DOI: 10.5281/zenodo.10580052.

Mestre-Bach, Gemma, Villena-Mora, Alejandro y Chiclana-Actis, Carlos. (2023) Pornography Use and Violence: A Systematic Review of the Last 20 Years. *Trauma, Violence & Abuse,* 25(2). DOI: 10.1177/15248380231173619.

Milano, Valentina (dir.). (2022). *Estudio sobre pornografía en las Illes Balears: acceso e impacto sobre la adolescencia, derecho internacional y nacional aplicable y soluciones tecnológicas de control y bloqueo.* Islas Baleares: Institut Balear de la Dona. Disponible en internet.

Ministerio del Interior. (2023). Informe sobre Delitos contra la Libertad Sexual. Disponible en internet.

Paul, Pamela. (2005). *Pornified: How Pornography Is Transforming our Lives, our Relationships, and our Families.* New York: Henry Holt and Company.

Powell, Anastasia y Henry, Nicola. (2019). Technology-facilitated Sexual Violence Victimization: Results from an Online Survey of Australian Adults. *Journal of Interpersonal Violence,* 34(17), 3637-3665. DOI: 10.1177/0886260516672055.

Okolie, Chidera. (2023). Artificial Intelligence-altered Videos (Deepfakes), Image-based Sexual Abuse, and Data Privacy Concerns. *Journal of International Women's Studies,* 25(2), Article 11. Disponible en internet.

Organización de Naciones Unidas (ONU). (2018). *Informe de la Relatora Especial sobre la violencia contra la mujer, sus causas y consecuencias acerca de la violencia en línea contra las mujeres y las niñas desde la perspectiva de los derechos humanos.* Doc. ONU A/HRC/38/47.

Ringrose, Jessica; Milne, Betsy; Mishna, Faye; Regehr, Kaitlyn y Slane, Aandrea. (2022). Young people's experiences of image-based sexual harassment and abuse in England and Canada: Toward a feminist framing of technologically facilitated sexual violence. *Women's Studies International Forum,* 93. DOI:10.1016/j.wsif.2022.102615.

Save the Children. (2020). *(Des)información sexual: pornografía y adolescencia.* Disponible en: https://www.savethechildren.es/informe-desinformacion-sexual-pornografia-y-adolescencia.

Torrado, Esther. (dir.). (2021). *Sexualidad y consumo de pornografía en adolescentes y jóvenes de 16 a 29 años.* La Laguna: Universidad de La Laguna. Disponible en internet.

INTELIGENCIA ARTIFICIAL Y RECREACIONES HISTÓRICO-ARQUEOLÓGICAS DEL PASADO: RECONOCIENDO SESGOS EN EL AULA A TRAVÉS DE LA CÓRDOBA CALIFAL

Carmen González Gutiérrez[30]
Universidad de Córdoba
ORCID ID: https://orcid.org/0000-0003-0893-3932

SUMARIO: 1. Introducción: la difusión científica del conocimiento histórico-arqueológico, recreaciones 3D e inteligencia artificial. 2. Objetivos y metodología. 3. Propuesta didáctica. La Córdoba islámica a través de la IA 4. Conclusiones. 5. Referencias bibliográficas y webgrafía.

1. INTRODUCCIÓN: LA DIFUSIÓN CIENTÍFICA DEL CONOCIMIENTO HISTÓRICO-ARQUEOLÓGICO, RECREACIONES 3D E INTELIGENCIA ARTIFICIAL.

En la actualidad, las labores de difusión y divulgación del conocimiento histórico-arqueológico -y, en líneas generales, el de todos los campos del saber- generado desde el ámbito científico a la sociedad están cobrando una importancia cada vez más creciente. Así, el diseño y la celebración de talleres infantiles en los museos arqueológicos, las visitas guiadas a excavaciones, los recorridos teatralizados en conjuntos o yaci-

[30] Esta publicación se se realiza en el marco de la ayuda RYC2022-036783-I, financiada por MCIN/AEI/10.13039/501100011033 y por el FSE+.

mientos arqueológicos, la redacción y publicación de guías didácticas, la elaboración de pequeños documentales o la impartición de charlas temáticas de carácter divulgativo, entre otros muchos ejemplos, son ya tarea habitual de quienes nos dedicamos al estudio y recuperación del patrimonio arqueológico. Tal pluralidad de actividades[31], frecuentemente presentes en las programaciones anuales de ciudades, museos o centros de interpretación, permite hacer accesible el conocimiento que se genera a través de las investigaciones arqueológicas, así como transmitir progresivamente a la sociedad una imagen veraz de la profesión de arqueólogo y su objeto de estudio[32]. No obstante, esta oferta tan variada en ocasiones se circunscribe a cubrir una demanda de entretenimiento cultural[33] o turístico -esta última, muy en línea con las visiones que limitan el valor del patrimonio arqueológico a una cuestión mercantil-, reduciéndose la atención a las posibilidades educativas que el patrimonio arqueológico nos brinda y que tienen una enorme potencialidad para aumentar, incluso, sus posibilidades de conservación (Collado, 2016: 384-386).

En este sentido, la imbricación del patrimonio arqueológico en programas de educación patrimonial adecuados permite reforzar la conexión de las sociedades presentes con su pasado, sus raíces y su identidad (Vicent, Rivero y Feliu, 2015: 97), comprender y aceptar la diversidad

---

[31]   Si bien no es el objetivo de este trabajo, creemos conveniente hacer una llamada de atención sobre la necesidad de contar con los perfiles profesionales adecuados para hacer buena divulgación histórico-arqueológica. En este sentido, la abundancia de actividades no garantiza su calidad ni la corrección de la divulgación ofrecida (*vid.* Ruiz, 2009).

[32]   Sobre la profesión del arqueólogo, la visión social del mismo y la repercusión de la divulgación en la transformación de la opinión pública (Almansa, 2012).

[33]   La Arqueología está cada vez más presente en nuestra sociedad y distintos públicos demandan crecientemente actividades culturales relacionadas con ella (Ruiz, 2009: 12-15).

cultural y transformar el patrimonio en un lugar de encuentro y debate (Fontal y Martínez, 2016: 145). Concienciar a las distintas capas de la ciudadanía -y, más concretamente, a los sectores más jóvenes de la sociedad- sobre nuestro legado histórico-cultural redunda en un mejor entendimiento del rol y de la responsabilidad que cada ciudadano y ciudadana tenemos en su protección y conservación (Collado, 2016), e incluso en su gestión (Jiménez Esquinas y Castro-Fernández 2023). En palabras de Fontal y Martínez (2016: 141),

> *la educación, la sensibilización y la activación de la sociedad en temas de Arqueología y Patrimonio arqueológico constituyen un medio indiscutible de formar ciudadanos activos en su protección, conservación y valoración. El Patrimonio Cultural, y el arqueológico como parte integrante de este, es una realidad que depende, en un alto porcentaje, de la educación que la sociedad recibe sobre el mismo y de los vínculos que genera en torno a él. La educación es la luz que nos da acceso a los bienes patrimoniales, pero necesitamos la educación patrimonial para establecer relaciones y atribuirle valores y significados que transformen esos bienes patrimoniales en patrimonio para la sociedad.*

En este marco, centrándonos en lo que al ámbito arqueológico concierne, conviene también añadir que las especificidades del patrimonio y la metodología arqueológicas facilitan la aproximación al método de investigación científica y, por tanto, permiten un aprendizaje más práctico del pasado y de cómo generamos conocimiento sobre el mismo. A través de una "comprensión global de la historia desde la sensorialidad, el pensamiento y la emoción" (Vicent, Rivero y Feliu, 2015: 86) se favorece, en última instancia, el desarrollo del pensamiento crítico (*vid.,* por ejemplo, Garrido y Martín, 2016).

Pese a todas estas ventajas, es necesario tener en cuenta que, dado que el pasado no puede observarse directamente ni experimentarse en un laboratorio, acercarnos a él entraña unas dificultades didácticas, sobre todo para el público en sentido amplio, relacionadas con la necesidad de abstracción y de utilización de la imaginación (*vid*. Vicent, Rivero y Feliu, 2015: 84-85)[34]. Debido a la usual parcialidad o mal estado de conservación en que solemos hallarlos, y a que muy frecuentemente necesitan de su contexto original para ser mejor interpretados, los restos arqueológicos no son fácilmente comprensibles por los no especialistas. Por ello, las herramientas digitales y recreaciones 3D son muy eficaces como apoyo visual, ya que nos permiten asimilar su dimensionalidad y dotarlos de contexto (*ibid*.: 87-89). Al facilitar el entendimiento de los elementos hoy no conservados, estas nuevas imágenes generadas desempeñan también una importante labor didáctica para prácticamente todas las edades.

La generación de recreaciones, reconstrucciones y restituciones[35] 3D en Arqueología responde -o, al menos, debería responder- a cuidadosos procesos de estudio, generalmente multidisciplinares y altamente colaborativos, donde grandes cantidades de datos de muy diversa naturaleza entran en consideración para que el resultado final se ajuste lo más fielmente posible a la realidad histórica del pasado que se intenta reproducir. Al mismo tiempo, se consideran opciones para que el espectador o usuario pueda conocer el grado de fiabilidad de lo reestablecido a partir de evidencias concretas (*vid*. Aparicio y Figueiredo, 2016). Se trata, en definitiva, de un trabajo de "trazabilidad científica" (Aparicio, 2023b)[36] a través del cual

---

[34] Estas autoras hacen referencia también a también con la necesidad de superación de los procesos tradicionales de aprendizaje positivista de la Historia.

[35] Para aclaraciones terminológicas más precisas, *vid*. Santacana y Martínez (2016).

[36] La trazabilidad científica se define como "el proceso que permite rastrear, replicar y refutar todas las deducciones que hay detrás de una investigación científica. Para ello, en reconstrucción virtual utilizamos distintas herramientas que nos permiten conocer las razones que motivan determinada elección (por ejemplo, dar determinada altura a un edificio), que a

prácticamente nada puede quedar al azar: planimetrías, decoración, alturas de edificios, tipos de cubiertas, ventanas, vanos, puertas, columnas, tipos de vestimenta y otros objetos, incluso posición de caminos y masas de vegetación, todo está, normalmente, muy controlado para ajustarse a la realidad histórica de un determinado enclave.

Así, el valor didáctico y educativo de los apoyos visuales producidos científicamente aumenta de forma notable, si bien cuenta también con la contrapartida de que, al tratarse de procesos complejos que sistematizan gran cantidad de datos científicos, pueden resultar lentos y, en ocasiones, también costosos.

En los últimos años, la generación de recreaciones virtuales o 3D de elementos históricos, patrimoniales o arqueológicos se ha multiplicado debido al desarrollo y uso generalizado de la inteligencia artificial (IA), que permite la obtención de recursos y soportes visuales de manera rápida y a muy bajo coste económico. Este tipo de materiales está gozando de difusión casi indiscriminada y de gran acogida por parte del gran público, lo cual puede explicarse, en parte, por la veracidad óptica que presentan. Pero, pese al aparente realismo y espectacularidad de estas imágenes, es necesario incidir en su alto grado de imprecisión y de idealización, que consigue evocar sensaciones a costa de una baja calidad científica. Esto se relaciona, en gran medida, con los datos de los que la IA se sirve para producir dichas escenas: se trata de miles -cuando no millones- de referencias visuales generales que no son

su vez permitirán repetir el proceso en una nueva reconstrucción virtual y, así mismo, confrontar esa decisión de forma justificada y refutarla proponiendo nuevas hipótesis reconstructivas a la luz de nuevos datos" (Aparicio, 2023b). Disponible en https://parpatrimonioytecnologia.wordpress.com/2023/01/26/herramientas-de-trazabilidad-cientifica-s-pedro/ (acceso Marzo 2025).

> *imágenes consensuadas históricamente, ni referencias a texturas histórico-arqueológicas, planimetrías u otras fuentes documentales que utilizamos cuando llevamos a cabo reconstrucciones histórico-arqueológicas sino imágenes mediatizadas, con poco rigor y que se mueven -con todo el derecho del mundo- en el terreno de la ficción* (Aparicio, 2023a)[37].

Esta falta de rigor y su naturaleza acientífica las hace inadecuadas, incluso peligrosas, para usos educativos, sobre todo cuando se utilizan de forma generalizada en el marco de determinados programas divulgativos. Su carácter altamente ficcional representa, por tanto, un desafío para las actividades de educación patrimonial en Arqueología, en especial si tenemos en cuenta que estas imágenes generadas por la IA

> *potencian también estereotipos de tipo racial, de género, etc., contribuyendo, por ejemplo, a infrarrepresentar a colectivos como las mujeres (el 50% de la población), personas racializadas, enfermos, ancianos, etc., y actividades de todo tipo que, tradicionalmente, se han alejado del discurso más repetido dentro de la representación histórica (y donde lo bélico y lo aristocrático aparece sobrerrepresentado) (ibid.).*

2. OBJETIVOS Y METODOLOGÍA

Ante el panorama anteriormente descrito, y teniendo en cuenta también el alto atractivo que la juventud encuentra en este tipo de recreaciones virtuales generadas con IA, consideramos la posibilidad de incorporar algunas de ellas en el marco de una actividad educativa ce-

---

[37]   Referencia web: https://parpatrimonioytecnologia.wordpress.com/2023/03/26/ia-generativa-y-reconstruccion-virtual-historica-problemas-limitaciones-y-posibilidades/ (acceso marzo 2025).

lebrada con alumnado de bachillerato[38]. A través del análisis grupal de determinadas imágenes y sobre la base de información científica actualizada, esta propuesta ha tenido como objetivo último concienciar al estudiantado acerca de los riesgos del uso de estas imágenes ficcionadas para transferir conocimiento histórico-arqueológico a la sociedad, así como estimular el pensamiento crítico de los participantes. Más concretamente, esto se ha procurado a partir de la observación guiada[39] y del comentario comparativo de recreaciones sobre determinados aspectos de la Córdoba omeya y sus habitantes (*vid.* apartado 3) tanto creadas por personas expertas en Arqueología y Patrimonio como generadas con IA[40]. Las reflexiones suscitadas en torno a las diferencias entre ambos tipos de imágenes y a sus posibles porqués han puesto de manifiesto la naturaleza multidisciplinar del trabajo arqueológico, así como la necesidad de contar con perfiles profesionales adecuados y con sinergias colaborativas entre ellos a la hora de producir herramientas visuales adecuadas y de calidad para acercar nuestro pasado al gran público.

[38] Con anterioridad, hemos realizado partes de la actividad que aquí describimos con alumnado universitario en el marco de las asignaturas "Gestión del Patrimonio Arqueológico", "Arqueología Medieval" y "Arqueología Tardoantigua y Medieval", impartidas en los grados de Historia e Historia del Arte en la Facultad de Filosofía y Letras de la Universidad de Córdoba (España).

[39] Con guiada o dirigida nos referimos a centrar la discusión en determinados aspectos, apoyándolos cuando sea necesario con datos científicos extra. El objetivo de estos comentarios no es -o no únicamente- valorar el grado de rigor histórico-arqueológico de las imágenes generadas, sino explorar las visiones sobre el pasado que dichas recreaciones reproducen, tratando de identificar sus sesgos y reflexionando sobre cómo la sociedad, y más concretamente el alumnado, asume, absorbe o toma como referencia del pasado dichos sesgos, a veces sin apenas darse cuenta.

[40] Hemos utilizado, mayoritariamente, el generador de imágenes IA de Bing. Todas las imágenes utilizadas para esta actividad se generaron en marzo de 2025.

Nuestra elección de la Córdoba omeya (concretamente, califal) responde a varios motivos. En primer lugar, se trata de una realidad histórica cercana y, *grosso modo*, conocida por la población cordobesa. Aunque a veces muy desdibujadas o estereotipadas, el estudiantado suele tener algunas ideas o conocimientos básicos desde los que podemos partir para construir un comentario crítico a partir de imágenes. Se trata, al mismo tiempo, de un periodo de nuestro pasado que ha sufrido de muchas aproximaciones historiográficas parcializadas y tendenciosas que, si bien la investigación está desmontando progresivamente, han tenido gran calado en la sociedad. Algunas de estas desvirtuaciones o inexactitudes se reflejan también en los resultados ofrecidos por la inteligencia artificial, lo que nos permite ahondar en el desarrollo de destrezas que ayuden al alumnado a reconocer, al menos a grandes rasgos, algunos resultados inadecuados. En relación con esto, consideramos de especial relevancia educar al alumnado acerca de los sesgos que la IA transmite y sobre la gravedad de su repetición y generalización, que contribuye a perpetuarlos y, lo que es peor, a normalizarlos. De entre todos ellos, y como veremos a continuación, hemos incidido en los sesgos de género -inherentes, por desgracia, a los sistemas actuales de inteligencia artificial (*vid.*, por ejemplo, Pérez-Ugena 2024), especialmente en los que afectan a la recreación de imágenes digitales (García-Ull y Melero-Lázaro, 2023; Corzo, Díaz y de la Torre, 2025, entre otros).

3. PROPUESTA DIDÁCTICA: LA CÓRDOBA ISLÁMICA A TRAVÉS DE LA IA

Tras unas breves notas introductorias acerca de qué es la Arqueología y cuál es su objeto de estudio, comenzamos la actividad situando al alumnado en la ciudad de Madinat al-Zahra, fundada por el califa Abd al-Rahman III en las faldas de la sierra cordobesa en la primera mitad del siglo X. Se trata de un yacimiento arqueológico que la mayoría conoce y ha visitado recientemente, por lo que los presentes en el aula tienen referencias históricas y también visuales. Proyectamos en clase parte de

una "obra audiovisual"[41] de 2024 titulada "Madinat al-Zahra, la ensoñación del califa", que recrea la ciudad palatina de Madinat al-Zahra con
inteligencia artificial y que tuvo una difusión masiva, con gran éxito, entre la sociedad cordobesa tras su publicación (ver figura 1).

[41]   Disponible en: https://www.youtube.com/watch?v=N6IvBZGsNRQ (Acceso
         marzo 2025).

FIGURA 1. *Distintos fotogramas de "Medina Azahara, la ensoñación del califa", creados a través de inteligencia artificial*

Fuente: Youtube, disponible en: https://www.youtube.com/watch?v=N6IvBZGsNRQ (acceso marzo 2025).

A pesar de que el conocimiento histórico, arqueológico y arquitectónico de muchos de los edificios y sectores urbanos que aparecen en este vídeo es muy solvente (ver figura 2), la IA no parece haber tenido en cuenta ninguno de los datos científicos disponibles para generar sus resultados, devolviéndonos una imagen que en nada se asemeja a la realidad observable en el yacimiento arqueológico ni en el audiovisual científico que en él se proyecta. Las diferencias entre los espacios arquitectónicos existentes en Madinat al-Zahra y las reconstrucciones ficcionadas de la IA (ver figura 3), fácilmente apreciables entre el alumnado, permiten comenzar a reconocer algunos de los sesgos que afectan al resultado final y que se relacionan, en este caso, con antiguas corrientes historiográficas que consideraban a las ciudades islámicas desde perspectivas colonialistas, exóticas y casi místicas[42].

---

[42] La literatura científica a este respecto es muy abundante y no puede ser recogida aquí en su totalidad. Una revisión historiográfica sobre el particular, muy completa y centrada en el caso andalusí, la encontramos en Acién (2001).

FIGURA 2. *Vista actual del Salón Rico (arriba) y del Gran Pórtico de la Plaza de Armas (abajo) del yacimiento arqueológico de Madinat al-Zahra en Córdoba*

Fuente: Creative Commons

FIGURA 3. *Comparativa entre algunos espacios del alcázar interpretados por la IA y por profesionales con asesoramiento histórico-arqueológico*

Fuente: arriba, fotograma del vídeo "Madinat al-Zahra, la ensoñación del califa". Abajo, vista del alcázar siguiendo la información histórico-arqueológica, según Josep R. Casals, 2018.

Al más puro estilo "Las Mil y Una Noches", este vídeo sobre Madinat al-Zahra aúna bajo el adjetivo "islámico" a distintas realidades -en ocasiones, incluso clichés- orientales de forma anacrónica e inmutable, presentándonos de manera homogénea manifestaciones arquitectónicas y decorativas que, en realidad, fueron muy distintas y que no siempre tuvieron relación[43]. Al mismo tiempo, se excluyen de esta recreación elementos propios y muy característicos de este contexto cronológico y geográfico, tales como arcos de herradura construidos con piedra y ladrillo, capiteles de avispero o decoración de ataurique, entre otros ejemplos. Este ejercicio tan sencillo es muy eficaz para que el alumnado tome conciencia de que las referencias empleadas por la IA para generar sus resultados no siempre son las más rigurosas, sino las más extendidas o arraigadas en la sociedad. Pese a que estos desatinos visuales pudieran excusarse como licencias estéticas, la realidad que subyace a su generación es preocupante, puesto que contribuye a perpetuar la visión orientalista y eurocentrista de las ciudades islámicas en detrimento de su mayor complejidad y heterogeneidad (Acién, 2001). Este tipo de representaciones constituye un verdadero escollo que impide la transmisión de conocimiento histórico-arqueológico más actualizado, que es más complejo, pero también más veraz, que lo interpretado por la IA.

Para incidir sobre esta cuestión en el aula y argumentar que el desarrollo tan desatinado de este resultado no es casual ni específico de esta ciudad en concreto, presentamos a continuación imágenes de distintas ciudades generadas con inteligencia artificial, animando al alumnado a comentarlas (ver figura 4).

[43]   De un simple vistazo pueden identificarse elementos arquitectónicos propios del área iraní, del mundo indio o de los territorios otomanos, por ejemplo.

FIGURA 4. *Selección de vistas de distintas ciudades "islámicas" generadas con la IA (a partir del generador de imágenes de IA de Bing)*

Nota: Arriba a la izquierda, una ciudad siria en el siglo X. Arriba a la derecha, una ciudad de Marruecos en el siglo XV. Abajo a la izquierda, una ciudad turca en el siglo XVIII. Abajo a la derecha, una ciudad andalusí durante el califato omeya (siglo X).

Se trata de un conjunto muy similar entre sí a pesar de que, al menos en teoría y según los descriptores que hemos introducido, representa a ciudades diferentes. Aquí el estudiantado puede ver, aún con más claridad, la uniformidad y falta de distinción con la que la inteligencia artificial interpreta las ciudades islámicas, devolviéndonos respuestas en función de referencias genéricas comunes. En última instancia, se están reflejando tópicos historiográficos de gran calado de los que incluso el estudiantado es partícipe sin ser demasiado consciente. Estos se ponen de manifiesto cuando les invitamos a intentar definir o describir qué entienden por o qué les evoca el término "ciudad islámica" (*vid.* Abu Lughod, 1987; Cressier y García-Arenal, 1998). Por un lado, la mayoría de los participantes coincide en mencionar asentamientos poblados por musulmanes que contaron con infraestructuras urbanas características, tales como mezquitas, baños o zocos. Por otro, casi todos perciben la versatilidad del adjetivo "islámico", bajo el que tradicionalmente englobamos realidades muy lejanas en el tiempo y/o espacio e incluso con desarrollos históricos distintos, sin tener demasiado en cuenta sus diferencias o su evolución particular. Ante la pregunta "¿son iguales la Córdoba del siglo X, la Estambul actual, El Cairo en el siglo XV o La Meca en el siglo XVIII?" obtenemos un "no" unánime, pese a la correcta aplicación de "islámico" para todas ellas y pese al aparente "sí" que nos devuelve la IA.

La toma de conciencia sobre la flexibilidad del concepto "ciudad islámica" y sobre lo inadecuado de comparar determinadas realidades urbanas de forma anacrónica nos conduce al siguiente ejercicio, consistente en el comentario específico de apoyos visuales sobre la Córdoba califal.

FIGURA 5. *Córdoba califal, en el año 1000*

Fuente: Ilustración realizada por A. Redondo para la monografía VV.AA. (2013). *Agua, territorio y ciudad. Córdoba califal, año 1000.*

FIGURA 6. *Córdoba califal y omeya, según la IA*

Nota: A la izquierda, la respuesta de la IA (Bing imágenes) cuando le pedimos "una imagen de la Córdoba califal". A la derecha, cuando le pedimos esa misma imagen pero que "incluya elementos arquitectónicos típicos de época omeya en Córdoba, como el arco de herradura".

Al contrastar algunas de las ilustraciones que muestran la gran conurbación omeya generadas con asesoramiento científico (ver figura 5) con los resultados que la IA nos devuelve (ver figura 6), los comentarios que se suscitan entre el estudiantado son los siguientes:

- En primer lugar, observan que en las imágenes producidas con asesoramiento científico adecuado aparece representada una gran aglomeración urbana más allá de las murallas, en la que destacan infraestructuras que facilitan el desarrollo de la vida cotidiana de la comunidad musulmana -mezquitas, baños, zocos...-. En algunos casos, hay un interés específico por mostrar los barrios donde la población residía. Por el contrario, los resultados de la inteligencia artificial se limitan a mostrar una parte muy concreta de la ciudad centrada en la mezquita de los viernes, limitando así la visión de la Córdoba califal a su parte más monumental y actualmente más conocida. Incluso cuando se le pide a la IA que muestre, de manera específica, los barrios y distritos urbanos donde vivía la población (ver figura 7), el foco sigue siendo la mezquita de los viernes.

- Les sorprende mucho, de forma negativa, que, pese a que la mezquita en su fase omeya se conoce con un alto grado de detalle hoy, ya que se trata de uno de los testimonios más fácilmente identificables de nuestro pasado andalusí, la IA obvia las referencias visuales reales y las sustituye por otras, de forma similar a lo que sucedía con la representación de Madinat al-Zahra. Entre estas formas, algunos estudiantes identifican partes de la Alhambra en Granada, la Giralda de Sevilla o elementos "islámicos" extraandalusíes similares a los anteriormente comentados.

- Reparan en la ausencia de figuras humanas. La ciudad aparece, en líneas generales, representada sin sus habitantes y sin espacios para la vida cotidiana.

Esta última observación resulta clave para explicar que el componente más fundamental de cualquier ciudad, independientemente de la época histórica en la que se encuadre, son sus habitantes, ya que, en definitiva, son sus necesidades, expectativas y actuaciones las que justifican y posibilitan la existencia o ausencia de determinadas infraestructuras y su funcionamiento, así como el surgimiento de un paisaje urbano concreto. En este sentido, las imágenes generadas por la IA (ver figura 7), en contraposición a las producidas por profesionales de la Arqueología, la Historia y el Patrimonio (ver figura 8), también nos muestran un sesgo importante. Obviando los detalles del rigor y la exactitud histórica, percibimos a simple vista que la inteligencia artificial ficciona una Córdoba islámica altamente monumental, carente de los espacios más cotidianos o mundanos que, al ser menos llamativos, no aparecen reflejados.

FIGURA 7. *"La Córdoba califal-omeya, sus barrios más allá de las murallas y sus casas-patio" según la IA de Bing*

FIGURA 8. *Recreación de un sector de los arrabales occidentales de la Córdoba califal según el proyecto de investigación y divulgación científica "Ronda Oeste"*

Nota: Este incluye la representación de una mezquita de barrio y de un baño (https://www. facebook.com/arrabalesqurtubies/ acceso marzo 2025).

Esta cuestión adquiere bastante trascendencia cuando solicitamos a la IA que nos muestre, específicamente, "una imagen de la Córdoba omeya y las gentes que la habitaron" (ver figura 9), ya que crea un resultado en el que, de manera sistemática, hay dos ausencias notables: las mujeres y los niños[44].

---

[44] De igual forma, todas las presencias masculinas están homogeneizadas, pudiéndose apreciar a hombres de la misma edad, etnia y clase social.

FIGURA 9. *Dos propuestas sobre "la Córdoba omeya y las gentes que la habitaron" según el generador de imágenes IA de Bing.*

Este sesgo de género -que no es exclusivo para la Córdoba islámica, sino general para casi cualquier periodo histórico[45]- puede de nuevo identificarse con algunas corrientes historiográficas en el estudio de al-Andalus que han interpretado las restricciones a la presencia de la mujer en los espacios públicos como una ausencia total de mujeres en calles y edificios para la comunidad, entendiéndose durante años que el

[45]   Ver algunos ejemplos más en https://wwwhatsnew.com/2025/02/08/la-inteligencia-artificial-en-la-arqueologia-avance-o-amenaza-para-el-pasado/ (consultado marzo 2025).

lugar de las mujeres era el interior de su hogar, que no debían abandonar, y que su tarea principal consistía en asegurar la buena marcha del
hogar y la crianza de los hijos. Sin negar la existencia de dichas restricciones o intentos -todos masculinos- por limitar la presencia femenina
en espacios que no fueran los hogares, y teniendo en cuenta la fuerte
segregación sexual que imperaba en las normas sociales andalusíes, las
nuevas corrientes historiográficas y el foco en el género nos permiten
repensar y reposicionar el papel de las mujeres en la conformación de
la ciudad y en su desarrollo. Estas nuevas perspectivas ahondan en la
permeabilidad de la frontera entre los ámbitos privado y público/urba-
no, investigan cómo las diferencias entre clases sociales condujeron a
distintos comportamientos y normas sociales para grupos de mujeres
distintas, y recuperan el rol de muchas de ellas en actividades cotidianas
que exigían traspasar, en ocasiones hasta diariamente, los límites del
hogar[46].

En este punto, mostramos al estudiantado las conclusiones de algunos trabajos de investigación recientes que están contribuyendo a res-
catar y entender mejor el papel y la importancia de las mujeres en los
ámbitos urbanos -por ejemplo, en los zocos o en las actividades comer-
ciales-, mientras que la IA sigue omitiendo esa información (ver figuras
10 y 11).

---

[46]   De nuevo, en la actualidad contamos con muchos -y cada vez más crecien-
tes- estudios y reflexiones al respecto. Ante la imposibilidad de citarlos todos, optamos aquí por hacer referencia a los trabajos de M. E. Díez Jorge y,
en particular, a su monografía de 2016. Las reflexiones metodológicas, comentarios historiográficos y postulados teóricos contenidos en su primer
capítulo describen muy bien el estado actual de la investigación de género,
y pueden aplicarse a muchos ámbitos -la autora, en este trabajo, se centra en
la Arquitectura.

FIGURA 10. *Dibujo del zoco de Tulaytula (Toledo)*

Fuente: dibujo realizado por la empresa de divulgación del patrimonio histórico-arqueológico "Pequeños Arqueólogos" para ilustrar el cuento *Tulaytula, el reino de los cielos* (https://www.facebook.com/PequenosArqueologos/, acceso marzo 2025).

FIGURA 11. *La actividad comercial y artesanal en un zoco de la Córdoba omeya*

Fuente: generador de imágenes IA de Bing (marzo de 2025).

Tras varios intentos fallidos en clase de que la inteligencia artificial genere una respuesta que plasme, al menos a grandes rasgos, algunos de los resultados de estas investigaciones sobre género, el estudiantado llega a varias deducciones:

- Los datos que la IA está empleando para recrear la realidad histórica que le estamos pidiendo contribuyen a devolver un resultado con sesgos de género muy evidentes.

- La IA no está utilizando todos los datos de los que la investigación dispone.

- Como consecuencia de los dos anteriores, las imágenes generadas, aunque llamativas visualmente, no nos sirven para ilustrar didácticamente la realidad histórica a la que estamos haciendo referencia.

- La consecución de un producto satisfactorio no parece posible, al menos de momento, sin la intervención de historiadores o arqueólogos que puedan asesorar el proceso de ilustración a partir de información científica rigurosa.

4. CONCLUSIONES

Los distintos ejercicios propuestos en el aula han permitido al alumnado comprender que la IA no crea resultados, sino que los recrea a partir de datos ya existentes, y que estos no siempre son rigurosos ni están actualizados. A este respecto, hemos podido ver de manera práctica cómo la IA reproduce sesgos historiográficos -algunos de ellos, de género-, plenamente superados por la investigación histórico-arqueológica actual que, además, son inadmisibles en materiales didácticos o educativos de calidad. Como mencionábamos en el apartado 1, la transmisión del conocimiento a la sociedad, cuando implica al patrimonio arqueológico, suele necesitar de recursos o herramientas extra para su mejor comprensión. En este sentido, habitualmente hay que buscar el equilibrio entre lo certero y lo evocado, entre lo documentado y lo hipotético, para que tanto el proceso de recreación como el resultado final sean comprensibles para la sociedad. Esta preocupación por la "transparencia científica" (Vicent, Rivero y Feliu, 2015: 89), muy presente en el trabajo de asesoramiento científico, no existe en el proceso de generación de imágenes con inteligencia artificial, cuyo uso indiscriminado, por tanto, es pertinente cuestionar.

Debemos tener muy en cuenta que la utilización de imágenes que muestren escenas y lugares del pasado no tiene un fin meramente recreativo, sino también educativo, ya que consigue crear vínculos y conciencia para conectar con nuestras raíces culturales, para conocerlas y protegerlas. Los recursos virtuales permiten también democratizar el acercamiento al patrimonio cultural e histórico, pero deben presentar una adaptación que permita el uso acorde con los objetivos docentes que se persiguen. En palabras de Albaladejo (2014: 454), hay que conocer las posibilidades de estas herramientas, pero también sus limitaciones y ser muy conscientes de cómo impactan en el conocimiento histórico que transmitimos o en el imaginario que construimos en el estudiantado. La integración de la IA en la creación de estos materiales no debe reemplazar o minimizar el rigor científico y,

> en lugar de delegar completamente la construcción del pasado a los algoritmos, es esencial que la tecnología se utilice como una herramienta complementaria, garantizando que el conocimiento arqueológico siga siendo preciso, ético y enriquecedor (Polo, 2025).

En este último punto, la intervención y supervisión directa por parte de profesionales es fundamental.

A tenor de todo lo expuesto, y a modo de resumen, consideramos que esta experiencia didáctica ha contribuido positivamente a concienciar a la comunidad estudiantil acerca de distintos temas. En primer lugar, hemos conseguido reflexionar sobre la importancia de la implicación de perfiles profesionales adecuados en la generación de contenidos didácticos y de transferencia del conocimiento a la sociedad, especialmente cuando estos incluyen imágenes o ilustraciones. En cuanto al funcionamiento de las herramientas de creación de imágenes con inteligencia artificial, hemos incidido en los desafíos potenciales que supone el uso de la IA en el aula y como recurso educativo[47]. Asimismo, creemos que esta actividad ha ayudado a fortalecer las destrezas del alumnado para reconocer las limitaciones de estas tecnologías, a hacer un uso responsable de ellas y, en última instancia, a mantener posturas críticas frente a los resultados obtenidos, especialmente en lo que se refiere a la recreación de determinados momentos o lugares de nuestro pasado. Sobre esto último, este ejercicio didáctico ha permitido que los y las estudiantes tomen conciencia de los sesgos de género que afectan a las respuestas que la IA nos devuelve, y a la importancia de evitar su generalización.

5. REFERENCIAS BIBLIOGRÁFICAS Y WEBGRAFÍA

Abu Lughod, Janet L. (1987). The Islamic city. Historic myth, Islamic essence, and contemporary relevance, *Journal of Middle East Studies*, 19, 155-176.

Acién, Manuel. (2001). La formación del tejido urbano en al-Andalus. En Passini, Jean. (coord.). *La ciudad medieval: de la casa al tejido urbano. Actas del primer curso de Historia y Urbanismo Medieval* (11-32). España: Universidad de Castilla-La Mancha.

Albaladejo, Manuel. (2014). Recreaciones virtuales en la didáctica del patrimonio cultural e histórico en las aulas de Educación Primaria. En Sánchez Martín, Micaela, Mirete, Ana Belén y Orcajada Sánchez, Noelia, (eds.). *Investigación educativa en las aulas de Primaria* (447-458). Murcia: Ediciones de la Universidad de Murcia. DOI: 10.6018/editum.2752.

Almansa, Jaime (2012). Arqueomanía o la manía por la arqueología. *ArkeoGazte: Revista de arqueología - Arkelogia aldizkaria*, 2, 219-222. Disponible en internet.

---

[47]   Ver Pérez-Velasco y Álvarez-Hernández (2025).

Aparicio, Pablo. (2023a). IA generativa y reconstrucción virtual histórica: problemas, limitaciones y posibilidades. *Parpatrimonio* [*blog*]. Disponible en: https://parpatrimonioytecnologia.wordpress.com/2023/03/26/ia-generativa-y-reconstruccion-virtual-historica-problemas-limitaciones-y-posibilidades/ (acceso marzo 2025).

Aparicio, Pablo. (2023b). Herramientas de trazabilidad científica aplicadas a la reconstrucción virtual en 3D de la antigua basílica de San Pedro del Vaticano (s. IV). *Parpatrimonio* [*blog*]. Disponible en: https://parpatrimonioytecnologia.wordpress.com/2023/01/26/herramientas-de-trazabilidad-cientifica-s-pedro/ (acceso marzo 2025).

Aparicio, Pablo y Figueiredo, César. (2016). El grado de evidencia histórico-arqueológica de las reconstrucciones virtuales: hacia una escala de representación gráfica. *Revista Otarq*, 1, 235-247. DOI: 10.23914/otarq.v0i1.96

Casals, Josep. R. (2018). Madinat al-Zahra circa 970 (recreaciones virtuales para la revista Desperta Ferro). *Desperta Ferro*, 22, Especial al-Andalus Omeya. Disponible en: https://www.behance.net/gallery/74208523/Madnat-al-Zahra-ca-970?locale=es_ES (acceso marzo 2025).

Collado, Yolanda (2016). Arqueología y sociedad ¿dos realidades enfrentadas? El papel de la enseñanza y la divulgación como factores claves para la conservación del patrimonio. En Desiderio Vaquerizo, Ana Ruiz y Manuel Delgado (coords.). *Rescate: del registro estratigráfico a la sociedad del conocimiento: el patrimonio arqueológico como agente de desarrollo sostenible*, tomo 2 (381-390). Córdoba: UCOPRESS.

Corzo, Javier; Díaz, Manuel y De la Torre, Jorge. (2025). La inteligencia artificial para el diseño de personajes en videojuegos: estudio de sesgos y estereotipos en Midjourney. *ANIAV - Revista de Investigación en Artes Visuales*, 16, 129-146. DOI: 10.4995/aniav.2025.23353.

Cressier, Patrice y García-Arenal, Mercedes (eds.). (1998). *Genèse de la ville islamique en al-Andalus et au Maghreb occidental*. Madrid: Consejo Superior de Investigaciones Científicas.

Díez Jorge, María Elena. (2016). *Mujeres y arquitectura: mudéjares y cristianas en la construcción*. Granada: Universidad de Granada.

Pequeños Arqueólogos. [Empresa de difusión del patrimonio]. Perfil de redes sociales: https://www.facebook.com/PequenosArqueologos/ (acceso marzo 2025)

Fontal, Olaia y Martínez, Marta. (2017). La educación patrimonial como praxis pedagógica para la enseñanza de la Arqueología. En Manuel Delgado y Desiderio Vaquerizo (coords.). *Rescate: del registro estratigráfico a la sociedad del conocimiento: el patrimonio arqueológico como agente de desarrollo sostenible*, tomo 1, (141-153). Córdoba: UCOPRESS.

García-Ull, Francisco José y Melero-Lázaro, Mónica. (2023). Gender stereotypes in AI-generated images. *Profesional de la información*, 32(5), DOI: 10.3145/epi.2023.sep.05.

Garrido, Juan Manuel y Martín de la Cruz, José Clemente. (2016): Educa divulgando ciencia: fomentando futuras vocaciones científicas. En Desiderio Vaquerizo, Ana Ruiz y Manuel Delgado (coords.). *Rescate: del registro estratigráfico a la sociedad del conocimiento: el patrimonio arqueológico como agente de desarrollo sostenible*, tomo 2, (391-400). Córdoba: UCOPRESS.

Jiménez Esquinas, Guadalupe y Castro-Fernández, Belén. (2023). Arqueología, participación ciudadana y educación patrimonial: encuentros y desencuentros. *Revista de Investigación en Didáctica de las Ciencias Sociales,* 13, 159-176. DOI: 10.17398/2531-0968.13.10.

VV.AA. (2013). *Agua, territorio y ciudad. Córdoba califal, año 1000, Córdoba*. Sevilla: Consejería de Agricultura, Pesca y Medio Ambiente, Junta de Andalucía.

Pérez-Ugena, María. (2024). Sesgo de género (en IA). *Eunomía. Revista en Cultura de la Legalidad*, 26, 311-330. DOI: 10.20318/eunomia.2024.8515.

Pérez-Velasco, Arturo Alejandro y Álvarez-Hernández, Gabriel Alejandro. (2025). Repensando la Educación Superior: Apropiación de la Inteligencia Artificial en el Aprendizaje Universitario. *Revista Redca*. 21, 236-261. Disponible en internet.

Polo, Natalia. (2025). La inteligencia artificial en la arqueología: ¿avance o amenaza para el pasado? *Whatsnew* [blog]. Disponible en: https://wwwhatsnew.com/2025/02/08/la-inteligencia-artificial-en-la-arqueologia-avance-o-amenaza-para-el-pasado/ (acceso marzo 2025).

Proyecto Ronda Oeste. Arrabales Occidentales de Madinat Qurtuba: https://www.facebook.com/arrabalesqurtubies/ (acceso marzo 2025).

Ruiz Zapatero, Gonzalo. (2009). La divulgación arqueológica: las ideologías ocultas, *Cuadernos de Prehistoria y Arqueología de la Universidad de Granada*, 9, 11-36.

Santacana, Joan y Martínez Gil, Tania. (2016). La Arqueología reconstructiva y la obtención de imágenes virtuales: estado de la cuestión. En Manuel Delgado y Desiderio Vaquerizo (coords.). *Rescate: del registro estratigráfico a la sociedad del conocimiento: el patrimonio arqueológico como agente de desarrollo sostenible*, tomo 1, (287-306). Córdoba: UCOPRESS.

Vicent, Naiara; Rivero, María Pilar y Feliu, María. (2015). Arqueología y tecnologías digitales en Educación Patrimonial. *Educatio Siglo XXI*, 33(1), 83-102.

INTELIGENCIA ARTIFICIAL, SALUD Y GÉNERO

Pilar Aparicio Martínez / José Manuel Alcalde Llergo
Universidad de Córdoba / Università degli Studi della Tuscia
ORCID ID: 0000-0002-2940-8697 / 0000-0002-3607-260X

SUMARIO: 1. Introducción. 2. Objetivos y metodología. 3. Propuesta didáctica. 4. Conclusiones. 5. Referencias bibliográficas.

1. INTRODUCCIÓN

La Inteligencia Artificial (IA) ha revolucionado numerosos campos del conocimiento, siendo la salud una de las áreas en la que esta tecnología está siendo más implementada. Su aplicación en este ámbito ha permitido avances significativos en la detección temprana de enfermedades, la personalización de tratamientos y la optimización de recursos sanitarios.

Los sistemas de IA son capaces de analizar grandes volúmenes de datos clínicos, permitiendo la identificación de patrones complejos que facilitan diagnósticos más precisos y la toma de decisiones basada en la evidencia científica. Desde la radiología, donde los algoritmos de visión artificial han mejorado la detección de anomalías en imágenes médicas, hasta la medicina de precisión, que utiliza datos genómicos para diseñar tratamientos personalizados, mejorando la humanización y comunicación del paciente con registros inteligentes, la IA está transformando la atención sanitaria (Olawade *et al.*, 2021). Además, su aplicación en la gestión hospitalaria ha permitido mejorar la eficiencia operativa mediante la predicción de la demanda de servicios y la optimización de recursos, disminuyendo los residuos y mejorando la sostenibilidad ambiental.

Sin embargo, su impacto va más allá de la mejora en la eficiencia clínica. También ofrece una oportunidad única para abordar desigualdades sociales y estructurales, así como los sistemas y constructos derivados de éstas, como es el género. El género, definido como conjunto de características, roles y oportunidades que la sociedad asigna a las personas, diferenciándolas por sexo, es un factor determinante en la salud. Éste influye tanto en la exposición a riesgos y acceso a medios asistenciales, como en el acceso y la calidad de la atención sanitaria (World Health Organization, 2021). En las últimas décadas, la incorporación de la perspectiva de género en los sistemas de salud ha adquirido más relevancia y visibilidad. Tradicionalmente, éstos se han estructurado bajo modelos son sesgos que discrepaban entre las diferencias patológicas y sociales entre hombres y mujeres, lo que ha generado ciertos desafíos en el diagnóstico y tratamiento de algunas condiciones (Cislak, Formanowicz y Saguy, 2018).

Por ejemplo, muchos estudios clínicos se centraron mayoritariamente en poblaciones masculinas, lo que limitó la representación femenina y, en consecuencia, la comprensión de cómo ciertas enfermedades afectan específicamente a las mujeres. Esto ha impulsado la necesidad de avanzar hacia una investigación más inclusiva (Kim, Field, Wan, Humphries y Sedlak, 2022). Condiciones como las enfermedades cardiovasculares, que pueden manifestarse de forma distinta en mujeres, o las enfermedades autoinmunes, que les afectan con mayor frecuencia, se están empezando a abordar con una mirada más sensible al género, promoviendo así una atención sanitaria más equitativa y eficaz.

La IA, con su capacidad para analizar grandes volúmenes de datos y detectar patrones complejos, se presenta como una herramienta prometedora para mitigar estas desigualdades, permitiendo un análisis más inclusivo y sensible a la diversidad de factores que afectan la salud. No obstante, su implementación desde una perspectiva de género enfrenta relevantes desafíos (Cirillo *et al.*, 2020). La calidad y representatividad de los datos son aspectos críticos, ya que los grandes modelos de IA a menudo dependen de conjuntos de datos históricos que pueden reflejar sesgos de género preexistentes, perpetuando sesgos inherentes a los sistemas en lugar de subsanándolos (Buslón, Cortés, Catuara-Solarz, Cirillo y Rementeria, 2023). Además, la interpretabilidad de los modelos es fundamental para garantizar que las decisiones clínicas automatizadas sean transparentes, éticas, equitativas y comprensibles para profesionales de la salud y pacientes por igual.

Este capítulo explora las aplicaciones actuales de la IA en la salud y en su intersección con el género, destacando sus potenciales beneficios, así como los retos a superar. En el desarrollo de éste, se aborda cómo un apropiado uso de la IA puede facilitar un enfoque más equitativo en la prestación de servicios de salud, argumentando y discutiendo la importancia de desarrollar marcos éticos y regulatorios que garanticen un uso justo e inclusivo de estas tecnologías.

2. OBJETIVOS Y METODOLOGÍA

El objetivo de este capítulo es analizar la intersección, tanto existente como posible en un futuro, entre IA, salud y género, para evaluar tanto su potencial transformador como los desafíos que plantea en términos de equidad. A través de esta actividad de transferencia, se busca fomentar una reflexión crítica sobre la influencia de la tecnología en la salud desde una perspectiva de género, resaltando la importancia de incorporar este enfoque en el desarrollo y aplicación de herramientas de IA. Para lograr este propósito, se han planteado los siguientes objetivos específicos:

- *Concienciar sobre los sesgos de género en la IA aplicada a la salud,* destacando cómo los datos y los diferentes modelos que han sido entrenados a partir de ellos pueden perpetuar los sesgos y desigualdades estructurales en el acceso y la calidad de la atención sanitaria.

- *Explorar aplicaciones concretas de la IA en el ámbito sanitario,* como el diagnóstico asistido por algoritmos, la predicción de enfermedades y la optimización de la gestión hospitalaria, evaluando su impacto desde la perspectiva de género.

- *Promover una participación activa del público asistente a la charla y del lector de este capítulo* en el análisis de estos temas, utilizando herramientas interactivas que permitan reflexionar sobre la importancia de desarrollar una IA inclusiva y equitativa.

- *Generar espacios de debate y aprendizaje*, fomentando la discusión sobre las implicaciones éticas, sociales y científicas de la IA en salud.

En cuanto a la metodología, el desarrollo de la sesión "IA, Salud y género" se segmentó en dos aproximaciones didácticas: el uso de presentaciones y una actividad interactiva de trabajo con el estudiantado. El taller, estructurado en una hora de duración, combinó la presentación con diapositivas con diversas estrategias didácticas y de análisis de casos reales concretos. Esta propuesta metodológica, basada en una clase didáctica constructivista con gamificación mediante vídeos e imágenes, permitió comprender los distintos aspectos que se iban desarrollando. Al mismo tiempo, todo el material fue elaborado y seleccionado para mantener la atención del público objetivo, principalmente compuesto por estudiantes de primer curso de Bachillerato.

En resumen, ordenando las diferentes secciones desarrolladas durante la exposición desde el punto de vista metodológico, se han utilizado las siguientes estrategias:

1. *Revisión de literatura y estado del arte*: Se realizó un análisis de estudios recientes sobre el impacto de la IA en salud desde una perspectiva de género, incluyendo investigaciones sobre sesgos algorítmicos y sus consecuencias en la práctica clínica.

2. *Uso de medios interactivos*: Durante la charla, se fomentó la participación activa del estudiantado mediante el uso de los teléfonos móviles para la realización de cuestionarios interactivos,

nubes de palabras y preguntas abiertas. Estas herramientas, usadas a partir de la aplicación *Mentimeter,* permitieron evaluar en tiempo real su percepción sobre la IA y el género, así como identificar preocupaciones y áreas de interés en las que prestar una atención mayor posteriormente.

3. *Debate y reflexión colectiva*: Se incentivó el análisis crítico a través de preguntas dirigidas y discusiones sobre casos concretos. Se plantearon escenarios en los que la IA ha generado brechas de género en el ámbito de la salud, promoviendo una reflexión sobre posibles soluciones.

4. *Análisis de datos y resultados*: A partir de las interacciones durante la charla, se recopilaron varios aspectos clave que han sido integrados en el desarrollo del capítulo. Esto ha permitido estructurar una discusión fundamentada en la percepción y conocimiento del público sobre los diferentes temas abordados durante la exposición.

3. PROPUESTA DIDÁCTICA

La actividad desarrollada en clase tuvo como propósito principal acercar al alumnado a la intersección entre IA, salud y género, promoviendo una reflexión crítica sobre el impacto de la tecnología en la equidad sanitaria. Para ello, se diseñó una sesión dinámica e interactiva que combinó la exposición teórica, respaldada mediante diapositivas, junto con herramientas participativas, facilitando un aprendizaje significativo basado en la discusión y la participación del público.

El desarrollo de la actividad se organizó en torno a tres fases interconectadas: una *introducción teórica*, con una metodología de clase constructivista para contextualizar el tema tocando diferentes aspectos clave para el desarrollo de la actividad, al mismo tiempo que fomentaba el intervencionismo de los asistentes; una *fase de interacción* en la que se propició la participación del alumnado a través de herramientas participativas; y una última *fase de conclusión y cierre,* donde se consolidaron los principales aspectos tratados, se discutieron posibles propuestas para mitigar los sesgos de género en la IA aplicada a la salud y se resolvieron dudas finales (Coronel, Victor, Júpiter-Coronel, Eduardo y Saltos-García, Pedro, 2023).

En la primera fase se presentó el contexto general sobre el impacto de la tecnología en la salud, destacando la evolución de herramientas digitales desde los primeros dispositivos informáticos hasta llegar a los modelos de lenguaje que se utilizan hoy en día. Asimismo, se presentó también el papel creciente de la IA en la optimización de diagnósticos, tratamientos y gestión hospitalaria. Tras esto, se abordó el *concepto de sesgo,* explicando cómo los modelos de IA pueden perpetuar desigualdades cuando los datos de entrenamiento incorporan sesgos históricos que reflejan los pensamientos, creencias y cultura de la sociedad o grupo de estudio donde se recogen. A través de ejemplos concretos, se ilustró cómo la falta de una perspectiva de género en el desarrollo de tecnologías médicas ha conducido a desigualdades en el acceso y en la calidad de la atención sanitaria. Por último, también se acercó al estudiantado al concepto de *fake news* y su vinculación con la IA, indicando algunos ejemplos relativos a la salud y el género. Esta introducción permitió a los estudiantes comprender la relevancia del enfoque de género en el desarrollo de herramientas de IA, sentando las bases para una futura discusión en la que pudieran participar. Asimismo, esta labor favoreció la segunda fase y la determinación de sesgos y falsedades de la IA.

La segunda fase se centró en la *interacción directa con el estudiantado,* utilizando herramientas digitales y estrategias participativas para fomentar el debate y la reflexión. Se empleó la plataforma *Mentimeter* para realizar algunas dinámicas interactivas. El estudiantado pudo responder preguntas sobre IA, salud y género al mismo tiempo que comprobábamos sus respuestas en tiempo real y las discutíamos. Esto permitió visualizar sus conocimientos y percepciones sobre el tema, generando un punto de partida para la discusión. También se utilizó la técnica de nube de palabras, en la que el estudiantado compartió palabras o frases cortas en respuesta a preguntas como las siguientes: *"¿Qué imagen te viene a la mente cuando piensas en un profesional de la enfermería?" "¿Y un profesional de la medicina?"* (véase la *Figura 1*).

FIGURA 1. *Actividad propuesta: ejemplos de sesgos de las personas*

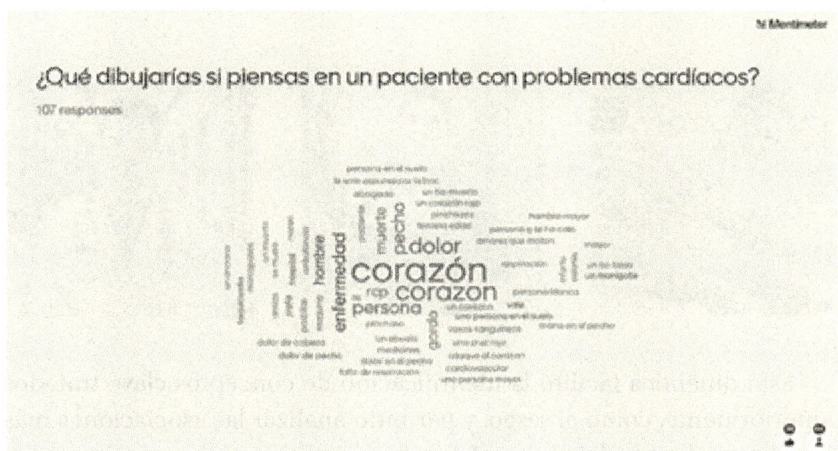

Tras analizar sus respuestas se les mostró las imágenes que generaba una IA de uso general (véase la *Figura 2*) la cual, al igual que los y las estudiantes, dibujó una enfermera como respuesta a la primera pregunta y a un médico para la segunda.

FIGURA 2. *Actividad propuesta: ejemplos de sesgos de la IA*

ChatGPT 4o ⌄

genera una foto de un paciente con problemas cardíacos, otra
de un profesional de la enfermería y una última de un
profesional de la medicina. Haz las tres fotos independientes

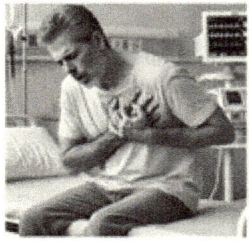  

Esta dinámica facilitó la identificación de conceptos clave tratados anteriormente, como el sesgo, y permitió analizar las asociaciones más frecuentes dentro del grupo. Además, se presentaron casos concretos donde la IA ha generado desigualdades en salud, como estudios científicos basados principalmente en una población masculina que habían sido utilizados para entrenar modelos de IA genéricos. Tras estos, se invitó a las personas participantes a reflexionar sobre los factores que contribuyen a dichas brechas y a generar un debate sobre las posibles soluciones. Finalmente, se abrió un espacio donde tanto estudiantes como profesores del centro pudieron plantear sus propias preguntas sobre el tema, promoviendo una discusión adaptada a sus inquietudes e intereses.

Por último, para *evaluar la efectividad de la actividad* y conocer las opiniones de las personas asistentes *se desarrolló una encuesta* a través *Microsoft Forms*. En ella, se recogió, por un lado, alguna información sociodemográfica como la edad, el sexo y el género y, por otro, algunas preguntas relacionadas con el desarrollo del taller y sus opiniones sobre el mismo, listadas a continuación:

- Nivel de satisfacción con el taller (Entre 1 y 10)
- ¿Consideras que el taller te ha resultado útil? (Entre 1 y 10)
- ¿Se ha ceñido el taller al tiempo establecido? (Entre 1 y 10)
- ¿Cuánto has aprendido con el taller? (Entre 1 y 10)
- ¿Qué es lo que más te ha gustado del taller?
  - La Salud, y el género como descriptor de la salud
  - Inteligencia artificial
  - El sesgo y la perspectiva de género
  - Ninguna de las anteriores
  - No me interesan este tipo de talleres
- ¿Qué te ha parecido más destacable del taller?
- ¿Te gustaría otro tipo de taller? Dinos de cuál:
  - Inteligencia artificial para el diagnóstico de colectivos vulnerables
  - Realidad virtual orientada a la inclusión
  - Un taller más centrado en género
  - No me interesan este tipo de talleres
- ¿Recomendarías nuestro taller a familia y amigos?
  - Sí
  - No
  - Prefiero no contestar
  - ¿Tienes alguna sugerencia para que sigamos mejorando?

Todos los participantes otorgaron su consentimiento de forma explícita antes de completar la encuesta, tras haber recibido información de que su participación era completamente voluntaria, anónima y confidencial. Se especificó que no se recopilarían datos personales identificables, que la información sería utilizada exclusivamente con fines académicos y de mejora del seminario, y que los resultados serían analizados de forma agregada. Asimismo, se aclaró que podían abstenerse de responder cualquier pregunta o, incluso, abandonar la encuesta en cualquier momento sin repercusiones.

4. CONCLUSIONES

La actividad desarrollada en el marco del seminario "IA, Salud y Género" ha permitido constatar el valor pedagógico de abordar temáticas complejas mediante estrategias participativas y enfoques interdisciplinares. Los resultados obtenidos a través del cuestionario final evidencian un *alto nivel de satisfacción* (un promedio de 8,5 puntos sobre 10) por parte del alumnado, tanto en términos de contenido como de metodología. Las valoraciones medias, que se sitúan en torno a los 7 u 8 puntos sobre una escala de 10, en indicadores como la utilidad del taller, el grado de aprendizaje percibido y el ajuste de los tiempos establecidos, reflejan una experiencia formativa bien recibida y percibida como relevante. Un resumen de las puntuaciones medias obtenidas para las principales cuestiones del cuestionario se puede ver reflejado en forma de gráfico en la *Figura 3*.

FIGURA 3. *Puntuaciones promedio obtenidas para las preguntas principales de la encuesta realizada al final de la actividad.*

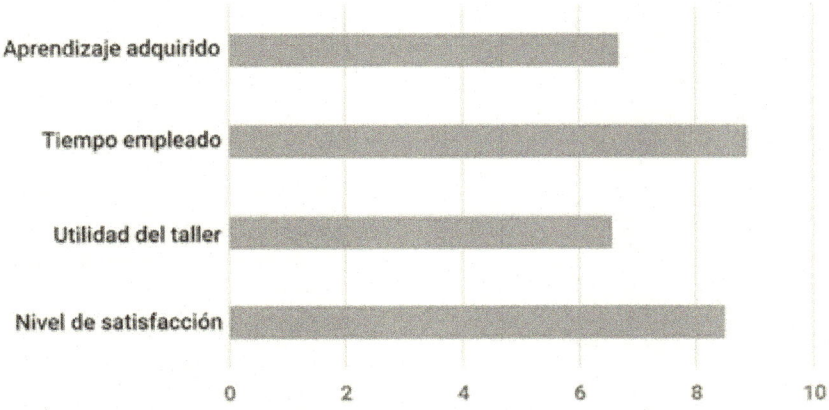

Desde una perspectiva cualitativa, se ha considerado relevante analizar qué temas de los tratados durante la actividad han generado mayor interés y en qué medida. Tal como refleja el gráfico de la *Figura 4*, un *34 %* de los y las participantes *destacó la inteligencia artificial* como el aspecto más interesante del seminario. Le sigue, con un *30 %, el bloque de la salud y el género como descriptor fundamental en los sistemas sanitarios*, lo que sugiere una sensibilización creciente respecto a los determinantes sociales de la salud. Asimismo, un *25 % señaló como elemento más significativo el análisis del sesgo y la incorporación de la perspectiva de género en el desarrollo tecnológico*, lo que confirma el interés del alumnado por enfoques inclusivos en el ámbito de la IA. Solo una minoría muy reducida, menos del 10 %, afirmó que no le interesaban este tipo de talleres o que no se identificaba con ninguna de las categorías propuestas. Estos datos reflejan la pertinencia del enfoque adoptado y evidencian la necesidad de seguir promoviendo espacios formativos que combinen alfabetización digital crítica con una mirada ética y socialmente comprometida.

FIGURA 4. *Interés mostrado por cada uno de los bloques desarrollados durante la actividad.*

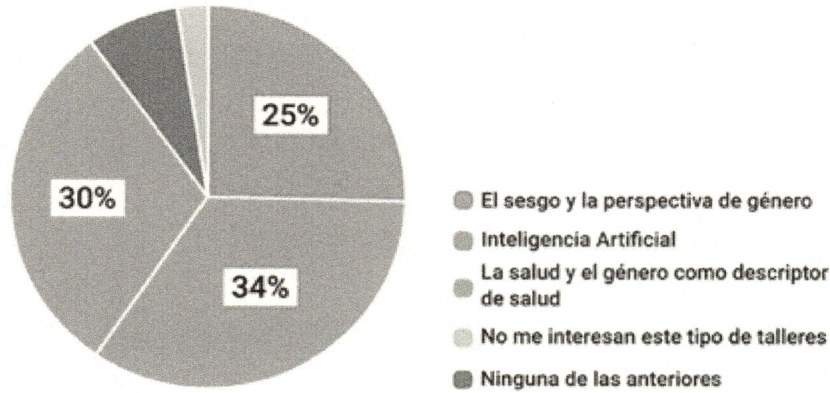

- El sesgo y la perspectiva de género
- Inteligencia Artificial
- La salud y el género como descriptor de salud
- No me interesan este tipo de talleres
- Ninguna de las anteriores

Por otro lado, las respuestas del alumnado a la pregunta abierta "¿Qué te ha parecido más destacable del taller?" han destacado, en varias ocasiones, la claridad de las explicaciones, la facilidad para comprender conceptos complejos y la cercanía de las personas ponentes, lo que generó un ambiente acogedor y accesible. El *carácter dinámico del taller, el uso de actividades participativas como el quizz, y el empleo de ejemplos visuales como imágenes generadas por IA influidas por estereotipos de género, fueron especialmente bien recibidos.* Varias personas subrayaron la capacidad del taller para mantener su atención, hacerlo "interesante" o incluso "entretenido". También se valoró el conocimiento experto de las personas ponentes y la posibilidad de hablar abiertamente sobre temas como el género, la discriminación o los sesgos tecnológicos. *Todo esto sugiere no solo que el contenido fue pertinente, sino que también la forma de abordarlo resultó eficaz y significativa para el alumnado.*

Del mismo modo, las sugerencias recogidas al finalizar el taller reflejan, en su mayoría, una valoración positiva acompañada de propuestas para enriquecer la experiencia. Varias personas manifestaron su interés en ampliar la duración del seminario y disponer de más tiempo para la participación activa, proponiendo incluir más dinámicas interactivas online como el cuestionario realizado, así como otros medios de gamificación. También se sugirió profundizar más en ciertos contenidos, extender el enfoque de la IA a otros ámbitos más allá de la salud y añadir recursos tecnológicos como la realidad virtual. Aunque muchas respuestas indicaron que el taller fue completo y bien estructurado, también aparecieron algunas observaciones críticas, incluidas opiniones contrarias al enfoque de género que, si bien minoritarias, evidencian la necesidad de seguir promoviendo espacios de diálogo respetuoso. En conjunto, *las aportaciones refuerzan el valor de metodologías participativas y abiertas, y apuntan hacia la construcción de actividades aún más inclusivas, dinámicas y adaptadas a los intereses del alumnado.*

Concluyendo, esta experiencia pone de manifiesto la relevancia de incorporar de manera explícita la perspectiva de género en el tratamiento de las tecnologías emergentes, especialmente en contextos relacionados con la salud. La IA, lejos de ser una herramienta neutra, reproduce los marcos de representación y los sesgos presentes en los datos con los que se entrena. Por ello, su desarrollo y aplicación exigen una mirada crítica y comprometida con la equidad. Espacios formativos como el aquí descrito resultan fundamentales para fomentar en las generaciones más jóvenes una conciencia ética y socialmente responsable sobre el uso de estas tecnologías, abriendo la posibilidad de una IA verdaderamente inclusiva y al servicio del bienestar colectivo.

5. REFERENCIAS BIBLIOGRÁFICAS

Buslón, Nataly, Cortés Martínez, Atia, Catuara-Solarz, Silvina, Cirillo, Davide y Rementeria, María José. (2023). Raising awareness of sex and gender bias in artificial intelligence and health. *Frontiers in Global Women's Health, 4*, 970312. DOI: 10.3389/fgwh.2023.970312.

Cirillo, Davide, Catuara-Solarz, Silvina, Morey, Czuee, Guney, Emre, Subirats, Laia, Mellino, Simona, Gigante, Annalisa, Valencia, Alfonso y Rementeria, María José. (2020). Sex and gender differences and biases in artificial intelligence for biomedicine and healthcare. *NPJ Digital Medicine, 3*(1), 81. DOI: 10.1038/s41746-020-0288-5.

Cislak, Aleksandra, Formanowicz, Magdalena, y Saguy, Tamar. (2018). Bias against research on gender bias. *Scientometrics*, 115(1), 189–200. DOI: 10.1007/s11192-018-2667-0

Kim, Isabel, Field, Thalia S., Wan, Darryl, Humphries, Karin y Sedlak, Tara. (2022). Sex and gender bias as a mechanistic determinant of cardiovascular disease outcomes. *Canadian Journal of Cardiology,* 38(12), 1865–1880. DOI: 10.1016/j.cjca.2022.09.009

Olawade, David B., Wada, Ojima J., David-Olawade, Aanuoluwapo Clement, Kunonga, Edward, Abaire, Olawale, y Ling, Jonathan. (2023). Using artificial intelligence to improve public health: a narrative review. En *Frontiers in Public Health*, 11:1196397. DOI: 10.3389/fpubh.2023.1196397.

Coronel, Victor, Júpiter-Coronel, Eduardo y Saltos-García, Pedro. (2023). Pedagogía magistral tradicional y la falta de efectividad en Docencia Universitaria. *CIENCIA UNEMI*, 16(43), 132-139. DOI: 10.29076/issn.2528-7737vo-l16iss43.2023pp132-139p.

World Health Organization. (2021). *Gender and health: Questions and answers.* Disponible en: https://www.who.int/news-room/questions-and-answers/item/gender-and-health.

E-RECRUITMENT: IGUALDAD Y NO DISCRIMINACIÓN, ENTRE ALGORITMOS Y REDES SOCIALES

Stefano Bini
Profesor Permanente Laboral (acreditado Profesor Titular) de Derecho del Trabajo
Universidad de Córdoba (España)
ORCID ID: 0000-0003-2268-3335

SUMARIO: 1. Introducción. 2. Objetivos y metodología. 3. Propuesta didáctica. 4. Conclusiones. 5. Referencias bibliográficas.

1. INTRODUCCIÓN

¿Cuáles son los retos que plantea el así llamado *e-recruitment* en términos de posibles perfiles discriminatorios? ¿Puede observarse en las conductas "empresariales" en sentido amplio, un allanamiento de la decisión (legítima) en el arbitrio (ilegítimo), en los procesos de selección automatizados? Y, en caso, ¿cómo estos riesgos desafían al laboralismo contemporáneo, llamado a elaborar nuevas soluciones o a reinterpretar soluciones antiguas, adaptándolas a los nuevos escenarios?

El presente estudio pretende investigar las complejas implicaciones que pueden detectarse entre gestión algorítmica de los procesos de selección del personal en las empresas y perfiles de discriminación -entre otras cosas- por razón de género, sosteniendo la necesidad de impulsar un enfoque de género como categoría analítica a través de la cual abordar los retos reguladores de una nueva realidad laboral *in divenire*.

De todas formas, cabe aclarar que el corte de la presente reflexión no quiere ser el propio de una investigación por así decirlo "clásica", de matriz exclusivamente laboral, dirigida por lo tanto a un público exclusivamente de juristas expertos de la materia. Al revés, la contribución pretende caracterizarse por una marcada apertura a la transferencia del conocimiento.

Y, de hecho, la misma ocasión a partir de la cual la presente investigación brota ha sido representada por la participación del autor en el interesante proyecto "Desafíos de la Inteligencia Artificial. ¿Una herramienta al servicio de la igualdad?", impulsado por la Cátedra de Estudios de las Mujeres "Leonor de Guzmán" de la Universidad de Córdoba, en el marco de un convenio de colaboración con la Delegación de Igualdad del Ayuntamiento de Córdoba.

Pues bien, precisamente dentro de este proyecto, el autor ha tenido la oportunidad de construir y experimentar un espacio de reflexión crítica sobre el tema indicado en el título del capítulo, compartido con el alumnado del Instituto de Educación Secundaria (IES) Fidiana de Córdoba, a través de una fructífera sesión divulgativa en formato taller, como mejor se dirá más adelante.

Antes de presentar la experiencia didáctica en sus aspectos más emblemáticos y significativos, cabe acercarse al tema objeto de estudio a través de unas pinceladas selectas que introduzcan la dimensión problemática de la digitalización del trabajo en general, así como de la llamada "gestión algorítmica del trabajo" en particular, para centrar la atención en la fase genética de la relación laboral.

Efectivamente, procede señalar que, como muy resalta la doctrina, los algoritmos y los sistemas de inteligencia artificial "se incorporan, progresivamente y de una manera casi natural, al proceso de toma de decisiones en el ámbito laboral" (Gómez, 2021: 162). De hecho, "las decisiones en materia de contratación, promoción, modificación de las condiciones de trabajo y extinción del contrato pueden ser adoptadas por la empresa a partir de los datos obtenidos por medios automatizados" (*ídem*).

Precisamente esta última peculiaridad, sintetizable a través de la fórmula de la potencial no necesidad de intervención humana o, *rectius*, de la sustancial desintermediación humana en la gestión de los procesos de toma automatizada de las decisiones, puede considerarse como uno de los elementos más emblemáticos que caracterizan la irrupción de los algoritmos en la esfera del trabajo y de los recursos humanos (Bini, 2021).

En este sentido, se utiliza frecuentemente la expresión de "gestión algorítmica del trabajo", ya que esta tendencia hacia la automatización puede apreciarse en varios ámbitos del así llamado *"human resources management"*: en el *"recruiting"*, en la planificación de la plantilla, en la administración del personal en sentido estricto, en la formación y en la así llamada *"people analytics"*, etc. (entre otros, Baiocco, Fernández-Macías, Rani y Pesole, 2022).

Por lo demás, ¿qué es un algoritmo o, más en general, un sistema de inteligencia artificial? Al respecto, sin querer adentrarse aquí en tecnicismos de escasa utilidad para la reflexión crítica propuesta, puede accederse a la definición "no técnica" propuesta por autorizada doctrina en el área de las ciencias de la computación, según la cual la inteligencia artificial puede considerarse como "una máquina que se comporta de maneras que se llamarían inteligentes si fuera un ser humano actuando así" (Kaplan, 2018: 15).

Así, puede decirse que, también en el contexto laboral, el algoritmo "puede aprender de situaciones anteriores para proporcionar información y automatizar procesos complejos de decisiones futuras, lo cual hace que sea más fácil y rápido llegar a conclusiones concretas basadas en datos y experiencias pasadas" (Schwab, 2016: 120).

Pues bien, precisamente este "llegar a conclusiones basadas en datos pasados" encierra en sí elementos de complejidad intrínseca y posible criticidad, que atienen a la esfera del "cómo" se llega a estas conclusiones, que al final no son más que decisiones empresariales.

¿Pueden los perjuicios y los sesgos reflejarse y transferirse del ser humano a la máquina (programada por personas)? De hecho, el disruptivo cambio que la transformación digital está produciendo en el mundo de las relaciones laborales puede apreciarse, entre otras cosas, con respecto a la digitalización de los procesos de selección de personal y de intermediación laboral.

Como evidencia la Organización Internacional del Trabajo (OIT), "technological advances also require regulation of the use of data and accountability over the control of algorithms in the world of work [...]. It has been shown that algorithms used to find jobs can perpetuate gender bias" (OIT 2019).

Y efectivamente, no parece que se pueda dudar de que la inteligencia artificial utilizada para seleccionar el personal y, por lo tanto, para facilitar el encuentro entre demanda y oferta de empleo, puede perpetuar sesgos en general y sesgos de género en particular. Una realidad esta que expresa así una intrínseca necesidad de regulación que, en el ordenamiento jurídico español, ha encontrado una respuesta eficaz en la nueva Ley 3/2023, de 28 de febrero, de Empleo (Ley Empleo, en adelante).

Como es sabido, el legislativo de 2023 reconfigura y sistematiza la regulación de la compleja y multifacética materia del empleo, previendo -entre otras cosas y por lo que aquí interesa- expresamente que la intermediación laboral no pueda ser llevada a cabo exclusivamente a través de algoritmos. Procede así preguntarse qué pasa en España con el llamado *e-recruitment*, qué desafíos plantea la así llamada gestión algorítmica de los recursos humanos, sobre todo en términos de posibles actuaciones discriminatorias, y qué repuestas da (y/o tendría que dar) nuestro ordenamiento jurídico.

Más allá de la transformación digital, con la locución "intermediación laboral" se expresa, según el art. 3 c) Ley Empleo, el

> *conjunto de acciones destinadas a proporcionar a las personas trabajadoras un empleo adecuado a sus características y facilitar a las entidades empleadoras las personas traba-*

jadoras más apropiadas a sus requerimientos y necesidades desde un enfoque integral. Incluye actividades de prospección y captación de ofertas de empleo, puesta en contacto y colocación, recolocación y selección de personas trabajadoras. En cualquier caso, para que se considere intermediación o colocación laboral, el conjunto de acciones descritas no debe llevarse a cabo exclusivamente por medios automatizados.

Pues bien, precisamente esta última parte de la disposición en palabra constituye una norma realmente neurálgica en el marco de la cuestión objeto de estudio, habiendo el legislativo introducido una limitación significativa a la posibilidad de empujar la digitalización de la intermediación hasta el horizonte de la automatización total. Así, para que se pueda hablar de "intermediación laboral" es esencial e indispensable que al menos parte de las actividades de intermediación sea llevada a cabo por una persona humana.

Como se ha tenido la oportunidad de escribir en otra ocasión
el Legislador destaca el carácter intrínseca e insuperablemente humano de las actividades de intermediación laboral, manifestando, así, conciencia sobre una cuestión problemática especialmente actual, originada por el generalizado fenómeno de la transformación digital, que puede producir -y, efectivamente, produce- un impacto importante también en el ámbito de las relaciones laborales. (Bini, 2023: 371)

Y efectivamente, como ha destacado el Parlamento Europeo en su Resolución de 12 de febrero de 2019, sobre una política industrial global europea en materia de inteligencia artificial y robótica [2018/2088(INI)]
el uso de la inteligencia artificial por sí solo no garantiza la verdad ni la equidad, ya que pueden surgir sesgos en la forma de recopilar los datos y de escribir el algoritmo que pueden derivarse de sesgos presentes en la sociedad; que la calidad de los datos, junto con el diseño de los algoritmos y

los procesos de reevaluación constante, deberían evitar la aparición de sesgos. [Considerando letra U)]

Y el factor "género" constituye evidentemente un elemento clave en la cuestión a la que se hace referencia. Sobre este punto, se considera importante desarrollar cierta conciencia sobre un dato clave:

> *los lugares de trabajo a menudo están estructurados en relación con normas y expectativas generizadas. El trabajo asalariado y el trabajo no asalariado siguen estando estructurados por la productividad de una mano de obra diferenciada por género, incluyendo la división de género tanto en los roles en los hogares como en las ocupaciones asalariadas.* (Weeks, 2020: 26)

Además, este horizonte general está destinado a acentuarse por efecto de la sistemática utilización de herramientas algorítmicas, especialmente con respecto a la fase genética de la relación laboral, que ya de por sí representa un momento especialmente "vulnerable" por los posible estereotipos y sesgos que pueden condicionar las decisiones empresariales, determinando su posible carácter discriminatorio.

De hecho,

> *There may be implicit or explicit stereotypes of employers, colleagues, or business partners during the recruitment or employment process. An experiment carried out in France showed that during job search women with a surname sounding Senegalese had 8.4% chance to be invited for a job interview against 13.9% for men with a surname sounding Senegalese, and 22.6% for women with a surname sounding French. Women may be encouraged to conceal their cultural or religious background and be harassed or dismissed if they do not comply. Furthermore, they may be asked to comply with additional selection requirements, refuse promotion, do a lower-level job or receive a lower salary for the same work.* (Gennadyevna Mikrina, 2022: 84)

Precisamente con respecto a esta etapa de la relación laboral, es necesario hacer una aclaración esencial de carácter eminentemente jurídico.

Como es sabido,

> *el empresario es libre para la selección y contratación de trabajadores. La discrecionalidad reconocida al empleador para establecer vínculos laborales con quien desee, a incluir dentro del principio general de libertad de empresa (art. 38 CE), supone, de un lado, la facultad de contratar o no y, en caso de hacerlo, decidir a cuántas personas; de otro lado supone la libertad en la elección del trabajador concreto.* (Navarro, 2024: 322-323)

Por supuesto, discrecionalidad no es discriminación. De hecho, el empleador está llamado a respetar el marco normativo vigente -en su doble articulación esencial, de ley y convenio colectivo- respetando, en particular, los derechos de las personas trabajadoras, con especial referencia al respeto del derecho a la igualdad de trato y de no discriminación *ex* artículo 17.1 del Estatuto de los Trabajadores ("No discriminación en las relaciones laborales").

En definitiva, un concepto clave que es importante recordar aquí está representado por la obligación del empleador de respetar, en el desarrollo del proceso de contratación, la dignidad de las personas candidatas para un determinado puesto de trabajo, tratando las mismas sin perjuicios relacionados con sus características personales, incluido el género.

Y esta aclaración resulta muy necesaria, a la luz de un dato significativo:

> *The risk of gender-based discrimination is, first and foremost, expressed in terms of establishing recruitment requirements, i.e. special conditions for employment. As these conditions must be directly related to a specific job, direct gender discrimination will exist if certain sex is established as a re-*

quirement for a job in which it isn't necessary for successful performance of duties. (Kovačević, 2002: 42)

Pues bien, a este riesgo de discriminación por razón de género, por así decirlo peligrosamente intrínseco a las mismas actividades de selección del personal, se añade una marcada propensión a la amplificación de la discriminación que los sistemas algorítmicos llevan consigo. Como señala Ginés i Fabrellas (2021: 1),

> *Los sistemas de inteligencia artificial están llenos de sesgos y estereotipos de género, raza, orientación sexual, discapacidad, clase, etc., lo que resulta especialmente alarmante y preocupante al generalizarse la idea de que debemos incorporar estas herramientas en nuestro día a día para ganar en rapidez, eficiencia y productividad.*

No es casualidad que el Reglamento (UE) 2024/1689 del Parlamento Europeo y del Consejo de 13 de junio de 2024 -por el que se establecen normas armonizadas en materia de inteligencia artificial y por el que se modifican los Reglamentos (CE) n. o 300/2008, (UE) n. o 167/2013, (UE) n. o 168/2013, (UE) 2018/858, (UE) 2018/1139 y (UE) 2019/2144 y las Directivas 2014/90/UE, (UE) 2016/797 y (UE) 2020/1828 (Reglamento de Inteligencia Artificial)- clasifique, muy oportunamente, como "de alto riesgo"

> *los sistemas de IA que se utilizan en los ámbitos del empleo, la gestión de los trabajadores y el acceso al autoempleo, en particular para la contratación y la selección de personal, para la toma de decisiones que afecten a las condiciones de las relaciones de índole laboral, la promoción y la rescisión de relaciones contractuales de índole laboral, para la asignación de tareas a partir de comportamientos individuales o rasgos o características personales y para la supervisión o evaluación de las personas en el marco de las relaciones contractuales de índole laboral, dado que pueden afectar de un modo considerable a las futuras perspectivas laborales, a los*

medios de subsistencia de dichas personas y a los derechos de los trabajadores. (Considerando n. 57).

Frente a estos riesgos de discriminación, se advierten como imprescindibles dos factores de contención. Por un lado, un marco sistemático de límites normativos (Supiot, 2020), que actúe como barrera frente a las amenazas de una digitalización descontrolada que vaya en contra del crucial principio del control humano. Por otro lado, una generalizada acción de concienciación colectiva, que contribuya a construir y mantener viva una cultura de la igualdad compartida y generalizada, sobre todo (pero no sólo) a la luz de los desafíos planteados por la digitalización.

2. OBJETIVOS Y METODOLOGÍA

Precisamente en la línea de la concienciación colectiva, se sitúa la experiencia de transferencia de la que se va a dar cuenta a continuación y que, al mismo tiempo, asume el perfil de verdadera propuesta didáctico-informativa para posibles futuras experimentaciones.

De hecho, el marco teórico-conceptual arriba considerado en sus aspectos de mayor relevancia sistemática encuentra en la didáctica experimental un terreno fértil para el desarrollo de la necesaria concienciación sobre la posible peligrosidad, en términos de discriminación, intrínseca a la utilización de algoritmos en la gestión de las etapas justo anteriores a la contratación.

Pero ¿cómo establecer una conexión comunicativa con un público tan joven como el del alumnado de un IES y, en la mayoría de los casos, aún lejos de la inserción en el mundo del trabajo?

Seguramente, la actividad ha exigido una especial atención y cierta creatividad, tanto en la fase de su planificación, como en la de su concreta puesta en marcha, de cara a enganchar y mantener la atención del público.

El formato que se ha elegido para el desarrollo de la actividad de transferencia ha sido sustancialmente mixto, asumiendo la forma de un taller interactivo, en el marco del cual el profesor que escribe el presente capítulo ha impartido una charla divulgativa, tejiendo el razonamiento juntamente con el alumnado, en el marco de una relación dialógica constante, estimulante y participativa.

De hecho, absolutamente central ha sido el dialogo que se ha alimentado colectivamente, entre profesorado y alumnado, ya que la bidireccionalidad de la reflexión, realmente plural y compartida, ha sido ingrediente fundamental para el éxito de la experiencia.

Efectivamente, se está convencido de que, en términos generales, para abordar y profundizar temas teóricos con proyección práctico-aplicativa de extraordinaria actualidad, que confirman la dimensión viva y vital del Derecho del Trabajo en sentido amplio, una contribución particularmente útil puede ser aportada por el recurso a la técnica del debate, del diálogo y de la confrontación de ideas. Ello entendido como manifestación emblemática de un modelo didáctico marcado por la plena valorización de la dimensión intrínsecamente problemática (y, en este sentido, dialógica) de la enseñanza en general y del Derecho de una manera muy especial (Buenaga, 2016).

Como es sabido, con especial referencia a las metodologías activas en la enseñanza del Derecho, el entrenamiento a la utilización de las técnicas de la "argumentación jurídica es un caso especial dentro del ámbito de los discursos argumentativos, y ello porque en la misma no se pueden utilizar unos argumentos cualesquiera, sino precisamente argumentos jurídicos" (Vargas' 2011: 21).

En opinión de quien escribe, el razonamiento jurídico, con su fundamento intrínsecamente argumentativo, constituye la esencia de una didáctica jurídica eficaz y -especularmente- de un aprendizaje fructífero, que despierte en el alumnado cuestiones, preguntas, dudas, solucionando las cuales se genera y madura un conocimiento profundo, sólido y, sobre todo, crítico.

De hecho, la herramienta del debate y del dialogo resultan instrumentos extraordinariamente útiles para que el alumnado sea capaz, en el día a día, de identificar, analizar, decodificar, abordar y elaborar posibles soluciones o tomar posición crítica y argumentada, frente a problemas concretos y específicos, abriéndose a la diversidad de ideas.

En este sentido, en el marco del desarrollo de habilidades transversales fundamentales para los desafíos profesionales, con los cuales los y las juristas tienen que enfrentarse, se considera importante impulsar capacidades básicas como las de escucha, de análisis, de sistematización y de síntesis de razonamientos jurídicos, así como de diálogo y confrontación respetuosa en una dimensión comunitaria de grupo, en la que coexistan diferentes opiniones.

Estas capacidades parecen especialmente indispensables frente a los nuevos desafíos planteados por las nuevas fronteras de una digitalización disruptiva, que en el modelo generativo de "ChatGPT" parece encontrar el epifenómeno de una inteligencia artificial potencialmente capaz de sustituir a las personas, incluso en su dimensión más intrínsecamente humana, como es la capacidad de razonamiento, reflexión y argumentación, que subyace al modelo pregunta/respuesta, tesis/antítesis.

Como puso de relieve Zygmunt Bauman (2014),

> *Usamos los avances tecnológicos que, teóricamente deberían ayudarnos a extender nuestras fronteras, en sentido contrario. Los utilizamos para volvernos herméticos, para cerrarnos en lo que llamo "echo chambers", un espacio donde lo único que se escucha son ecos de nuestras voces, o para encerrarnos en un "hall de los espejos" donde sólo se refleja nuestra propia imagen y nada más.*

Pues bien, precisamente esta premisa -con la que es difícil no coincidir- se ha tomado como punto de partida para el diseño de una actividad formativa e informativa capaz de "interceptar las frecuencias" de los intereses del alumnado. Así, se ha identificado el de las redes sociales como terreno de reflexión en el marco del cual conectar con el alumnado de un IES, para desarrollar un razonamiento crítico compartido sobre los posibles riesgos discriminatorios de los algoritmos utilizados en la selección de las personas trabajadoras.

De hecho, para dar un ejemplo concreto, vale la pena destacar que estudios estadísticos estiman en alrededor de 1.000 millones las personas usuarias activas cada mes en Instagram: la sexta red social más utilizada a nivel mundial, animada de manera principal por jóvenes y, por lo tanto, en gran medida por estudiantes (IAB, 2020).

Como es sabido, el de las redes sociales constituye un fenómeno social generalizado y penetrante, que suscita interesantes reflexiones, cuestionando -entre otras cosas- al mundo de la formación, en general, y de la formación académico-universitaria, de manera especial.

De hecho, muchos son los perfiles de interés al respecto. Sólo para dar algunos ejemplos, piénsese en el impacto que un uso desenfrenado de las redes sociales puede provocar en términos de distracción sobre el estudiante, concentrado en una actividad de estudio. O incluso, en las dificultades generadas al acercarse al estudio de un texto escrito, en una sociedad fuertemente alimentada por estímulos rápidos y fugaces, transmitidos por imágenes y videos, más que por palabras imprimidas.

De todas formas, en el marco de esta iniciativa de transferencia, las redes sociales han sido consideradas (acertadamente) adecuadas para representar -como se ha dicho- el ámbito para una primera toma de conciencia sobre la disruptiva centralidad de los algoritmos en las vidas cotidianas contemporáneas: instrumento (y, al mismo tiempo, lugar virtual) emblemático de una tendencia más general, hacia un modelo social -bien definido en términos de "sociedad del espectáculo", por el filósofo francés Guy Debord (Debord 2002)- de comunicación inmediata, rápida y directa, que expresa una sìgnificativa separación de la representación visiva por imagines, con respecto a la misma realidad.

Sin embargo, en el marco de la propuesta didáctica a la que se hace referencia, este instrumento (*rectius*, este ecosistema digital) se ha convertido en un recurso precioso, en el ámbito de los procesos formativos contemporáneos, "abiertos" a la innovación y a la experimentación.

Pues bien, las redes sociales se han tomado (como, en general, pueden tomarse) como punto de partida del diálogo. A partir de las dinámicas básicas de funcionamiento de las redes sociales, directamente conocidas por el alumnado, se ha hecho hincapié, en particular, en el aspecto de los contenidos recomendados y, por ende, en el de la "mecánica" que está detrás de la elaboración de *big data* por parte de algoritmos generativos de última generación de *machine learning* y *deep learning* (Kahale Carrillo, 2022).

Este aspecto constituye, por así decirlo, el desencadenamiento de un razonamiento más complejo, situado en el contexto laboral, que se ha introducido a partir de la utilización de unas contribuciones y vídeos de interés, que ofrecen pistas de reflexión para el debate.

3. PROPUESTA DIDÁCTICA

En concreto, ¿cuáles han sido las etapas a través de las cuales se ha desarrollado la actividad de transferencia en palabra y, por lo tanto, a la luz del concreto funcionamiento de este experimento? ¿Qué propuesta didáctica puede formularse, de cara al futuro, para conseguir la finalidad formativa e informativa arriba mencionada, de concienciación de un *target* muy joven, sobre los posibles perfiles discriminatorios que el así llamado *e-recruitment* puede llevar consigo?

Como se ha anticipado, la actividad didáctica propuesta en clase ha tomado la forma de un taller interactivo, construido con la idea de facilitar la participación activa y crítica del alumnado en el ámbito de un debate plural y coral.

El punto de partida de la actividad ha sido representado por el planteamiento de una serie de preguntas generales, dirigidas al alumnado, sobre el tema de la utilización de las redes sociales. Por ejemplo: "¿os habéis fijado en los contenidos que Instagram nos recomienda, después de haber visualizado determinados *reels*, o después de haber dejado unos 'me gusta' a determinados *post* de análogo contenido?". "¿Cómo pensáis que funcionan los algoritmos que permiten el funcionamiento de las *playlists* de Spotify o de Netflix?".

Evidentemente, se trata de preguntas de corte general que quieren solicitar la atención de la juventud sobre algunos conceptos preliminares, relacionados con la definición y el funcionamiento de los algoritmos de *machine learning* y *deep learning*, el procesamiento de *big data*, y el aprendizaje automatizado, prodrómico a la toma de decisiones igualmente automatizadas.

A continuación, una vez que se haya -por así decirlo- "roto el hielo", se ha procedido a la contextualización del tema objeto de debate en el ámbito laboral. Se ha hecho a través de un breve vídeo introductorio sobre el funcionamiento de una planta de Amazon, enteramente automatizada, "poblada" por cientos de *"cobots"*, *robots* colaborativos capaces de desplazarse autónomamente, sin control remoto ni mandos a distancia, es decir, sin intermediación humana (sobre el tema, véase Bini, 2021).

Para acompañar al alumnado en el camino de comprensión crítica de los procesos de la digitalización del trabajo, se pasa luego a considerar el específico "micro-tema" de la selección del personal en las empresas. *In primis*, explicando en qué consiste, en términos generales, la intermediación laboral y cuáles son las coordenadas normativas de referencia en materia de igualdad y no discriminación e, *in secundis*, planteando preguntas abiertas sobre el impacto que la automatización descontrolada puede tener en el *recruitment* de los recursos humanos.

Es esta la parte nuclear de la actividad, en la que el alumnado participa aportando su contribución interpretativa, de decodificación de la complejidad propia de una realidad *in divenire* y aportando propuestas sistemáticas al respecto.

Como se puede apreciar, la metodología propuesta se caracteriza por ser intrínsecamente empírica, basándose en una estructura de funcionamiento, por así decirlo, clásica, articulada en una atenta planificación, en unas cuidadosa aplicación y observación durante su desarrollo y, al final, en una escrupulosa evaluación de los resultados.

Verdaderos pilares en la arquitectura metodológica construida han sido el diálogo y el debate, considerándose estos especialmente adecuados en el actual contexto socio-comunicativo. Efectivamente, la contemporaneidad que estamos viviendo parece emblemáticamente marcada por la rapidez con la que la revolución digital está transformando las formas, los tiempos y las herramientas de la interacción humana, afectando al mismo sentido de la comunidad, desde un punto de vista social, económico y jurídico.

La posibilidad de interactuar inmediatamente y sin intermediación, superando las barreras geográficas, gracias a la utilización de herramientas tecnológicas que acortan las distancias físicas, y que, quizás, pueden acentuar las distancias relacionales, contribuye sin duda a enfatizar cierta tendencia a la individualización de las existencias.

4. CONCLUSIONES

En definitiva, como se ha visto en las páginas que preceden, la compleja materia de la intermediación laboral -como muchas otras en el horizonte laboral, por lo demás- está experimentando cambios sin precedentes, con un protagonismo creciente de algoritmos a través de los cuales los procesos de selección del personal y de *recruitment* pueden automatizarse (incluso) integralmente. Esta tendencia, si descontrolada, puede conllevar un heterogéneo abanico de efectos segundarios, entre ellos graves riesgos discriminatorios.

Frente a estos escenarios fenoménicos, resultan indispensables tanto un necesario y bien calibrado entramado de límites normativos, como una igualmente necesaria y sistemática acción de concienciación entre todos los sectores de la sociedad sobre los múltiples peligros que la gestión algorítmica del trabajo lleva consigo en la dimensión de la igualdad.

En esta segunda línea, se coloca la experiencia de transferencia que se ha tenido la oportunidad de construir y vivir con el alumnado y el profesorado del IES Fidiana de Córdoba. Una experiencia esta que puede valorarse, sin duda alguna, como extraordinariamente enriquecedora y fructífera, como han confirmado los mensajes de satisfacción, apreciación y agradecimiento recibidos al final de la iniciativa. Especial ha sido el sincero interés del alumnado, manifestado por una participación extraordinariamente activa y cualitativamente de alto nivel, con contribuciones críticas profundas.

De ahí que formular propuestas de mejora resulta ser sinceramente un trabajo muy complejo, al ser la valoración de la experiencia formativa plenamente positiva, hasta el punto de que se desea repetir la oportunidad de formación y transferencia con otro alumnado también, en nuevas ediciones.

5. REFERENCIAS BIBLIOGRÁFICAS

Baiocco, Sara; Fernández-Macías, Enrique; Rani, Uma; Pesole, Annarosa (2022). The Algorithmic Management of work and its implications in different contexts. Ginebra: Organización Internacional del Trabajo.

Bauman, Zygmunt (2014), Vivimos en dos mundos paralelos y diferentes: el online y el offline, ssociologos.com (fecha de última consulta: 6 de abril de 2025), 2014

Bini, Stefano (2023). La intermediación laboral para un empleo digno, en el nuevo planteamiento de la Ley de Empleo. En VV.AA., *Empleo y protección social* (359-374). Madrid: Ministerio de Trabajo y Economía Social.

Bini, Stefano (2021). La dimension colectiva de la digitalización del trabajo. Albacete: Bomarzo.

Buenaga Ceballos, Óscar (2016). Introducción a la argumentación jurídica. Madrid: Tecnos.

Gennadyevna Mikrina, Valentina (2022). The effects of multiple forms of discrimination in the exercise of human rights by women and girls with disabilities. En Ljubinka Kovačević; Dragica Vujadinović; Marco Evola (Eds.), *Intersectional discrimination of women and girls with disabilities and means of their empowerment* (83-94). Belgrado: Univerzitet u Beogradu.

Ginés i Fabrellas, Anna (2024). Inteligencia artificial y sesgos. *Net21*, julio, 1-5.

Gómez Gordillo, Rafael (2021). Algoritmos y derecho de información de la representación de las personas trabajadoras. *Temas Laborales*, n. 157, 161-182.

IAB (2020). *Estudio sobre Redes Sociales*, https://iabspain.es/estudio/estudio-redes-sociales-2020/ (fecha de última consulta: 21 de marzo de 2025).

Kahale Carrillo, Djamil Tony (2022). Discrimination against women in the implementation of artificial intelligence systems and algorithms. En Isabel Ribes Moreno (Dir.), *Law and Gender in practice and education* (83-95). Cizur Menor: Aranzadi.

Kaplan, Jerry (2018). Intelligenza artificiale. Roma: LUISS University Press.

Kovačević, Ljubinka (2022). Access to employment and gender-based discrimination. En Isabel Ribes Moreno (Dir.), *Law and Gender in practice and education* (35-53). Cizur Menor: Aranzadi.

OIT (2019). Working for a brighter future. Ginebra: Organización Internacional del Trabajo.

Navarro Nieto, Federico (2024). Lecciones de Derecho del Trabajo I. Córdoba: Don Folio.

Schwab, Klaus (2016). La cuarta revolución industrial. Madrid: Debate.

Supiot, Alain (2020). La sovranità del limite. Giustizia, lavoro e ambiente nell'orizzonte della mondializzazione. Roma: Mimesis.

Vargas Vasserot, Carlos (2011). Metodologías activas en la enseñanza del Derecho: prueba, ensayo y percepción por parte de los alumnos, https://bit.ly/44CH5AG (fecha de última consulta: 6 de abril de 2025).

Weeks, Kathi (2020). El problema del trabajo. Feminismo, marxismo, políticas contra el trabajo e imaginarios más allá del trabajo. Madrid: Traficantes de sueños.

CLAVES PARA UNA JUSTICIA DIGITAL Y ALGORÍTMICA CON ENFOQUE DE GÉNERO

María José Catalán Chamorro
Universidad de Córdoba
ORCID ID: 0000-0003-4854-3381

SUMARIO: 1. Introducción. 1.1. IA para la persecución de la violencia de género y sus riesgos. 1.2. IA para la gestión en los juzgados y tribunales. 1.3. Nuevo Reglamento UE sobre IA. 2. Objetivos y metodología. 2.1. IA como aliada contra la violencia de género. 2.2. El agente encubierto informático contra la violencia de género. 3. Propuesta didáctica. 3.1. Explicación y razón de ser del *"role play"*. 3.2. Mediación colaborativa. 4. Desarrollo de la actividad. 4.1. El rol de la persona mediadora. 4.2. El rol de las partes. 4.3. Los casos propuestos. a) *Role play* de mediación en *deepfakes*. b) *Role play* judicial por IA decisional. 5. Conclusiones. 6. Referencias bibliográficas.

1. INTRODUCCIÓN

La Inteligencia Artificial (en adelante IA) inunda ya el 100% de todas las esferas, campos y temáticas que podamos imaginar[48]. Y el Derecho

[48] Trabajo realizado en el marco de los Proyectos Nacionales «Claves para una justicia digital y algorítmica con perspectiva de género», PID2021-123170OB-I00 financiado por MCIN/ AEI/10.13039/501100011033 y el Proyecto Reformas legislativas recientes y pendientes en materia de contratación y competencia empresarial: entre la digitalización y la sostenibilidad (referencia: PID-2023-149038OB-100).

no queda excluido de esto, aun con su aura de tradicional y cierto olor a naftalina para aquellos más legos o desapegados del área de conocimiento, la realidad es que tanto el Derecho como sus operadores jurídicos se han debido de adaptar a la nueva realidad social. Por un lado, hemos tenido que adaptar las fórmulas de trabajo desde la abogacía, que ya trabaja con la IA en lo que se ha venido denominando como Legaltech, hasta la propia Administración de Justicia que, en España, ya cuenta con varias aplicaciones que facilitan o asisten la labor judicial. Una de ellas es el sistema VioGén, que evalúa el nivel de riesgo de una mujer en situación de violencia de género y, con ello, el juez o la jueza dicta las medidas de seguridad que esta mujer debe tener para estar protegida de su agresor[49].

Pero, por otro lado, también se ha tenido que dar respuesta a una amplia problemática que la IA está generando en nuestra sociedad, debiendo reinventarse, continuamente, para seguir dando respuestas. Ello, a pesar de no tener contempladas muchas de las nuevas figuras emergentes en la legislación positiva actual, ya que no es posible legislar ni tan rápido, ni de manera tan eficaz a como se crean nuevas fórmulas y formatos de IA en el mundo.

Hoy, las denominadas *fake news* o noticias falsas, que lo que pretenden es, básicamente, divulgar o difundir un contenido engañoso o falso con la finalidad de influir en el ámbito económico y político o creando daños públicos, se han convertido en uno de los rivales más importantes a batir por el papel que pueden llegar a jugar en las democracias occidentales. Así, por ejemplo, la propia Comisión Europea está abordando la propagación de la desinformación y la desinformación en línea para garantizar la protección de los valores europeos y los sistemas democráticos a través de diferentes iniciativas. Entre ellas, la Comunicación

---

[49] Ver más información sobre el sistema en; https://www.interior.gob.es/opencms/ca/servicios-al-ciudadano/violencia-contra-la-mujer/sistema-viogen/, [Fecha de consulta29 de noviembre de 2024].

sobre la lucha contra la desinformación en línea; el Plan de acción sobre desinformación, que tiene por objeto reforzar las capacidades y la cooperación de la UE en la lucha contra la desinformación; el Plan de Acción para la Democracia Europea; o el Código de Buenas Prácticas en materia de Desinformación reforzado, firmado el 16 de junio de 2022 o EDMO[50].

Es paradójico que las *fake news* estén asociadas, en su mayoría, a noticias falsas sobre un perfil muy determinado de persona: hombres, blancos, heterosexuales y de éxito a los que se les atribuye cierto poder. Difundir una noticia falsa sobre los mismos conlleva una mayor implicación emocional y credibilidad por parte de la ciudadanía que sigue a estos hombres. Mientras que las *fake news* asociadas al género femenino se centran, principalmente, en desprestigiarlas profesionalmente, aunque también en ocasiones personal o familiarmente con el fin de hacer daño al honor y a la intimidad de la mujer.

Sin embargo, un nuevo fenómeno acecha y amenaza también en esta era de la desinformación, conjugando el poder de la IA. Aunque vinculado con las *fake news*, no siempre se trata, como veremos, de hechos noticiosos. Tal es el caso de la influencia que tienen las denominadas *deepfakes*. En el presente trabajo queremos dar una visión completa de lo que son estas *deepfakes*, sus usos más benévolos hasta el momento, sus implicaciones legales y, por supuesto, poner el foco en que el 99% de los *deepfakes* que se realizan en este momento son pornográficos, de mujeres y sin el consentimiento de las mismas. Lo que esto implica en el mundo de la adolescencia es cada vez más preocupante, así como las consecuencias para la salud física y psicológica de estas mujeres, en oca-

---

[50] Es un observatorio independiente que reúne a verificadores de datos e investigadores académicos con experiencia en el ámbito de la desinformación en línea, las plataformas de redes sociales, los medios de comunicación impulsados por periodistas y los profesionales de la alfabetización mediática.

siones niñas violentadas con la difusión de un contenido pornográfico con su imagen en contra de su voluntad (Miguel, 2023: 195).

1.1 IA para la persecución de la violencia de género y sus riesgos

La IA, por supuesto, ha sido un gran avance para las investigaciones criminales, policiales, para la evaluación del riesgo en las víctimas en el plano del Derecho Penal, así como en las previsiones de morosidad o de impago en el ámbito del Derecho Civil. Sin embargo, también supone un gran desafío, puesto que todas estas valoraciones, *a priori* asistenciales, que realiza la IA en el campo del Derecho son, en ocasiones, poco cuestionadas por los operadores jurídicos humanos del Derecho. Y es que, ante una valoración de alto riesgo de una víctima de violencia de género de sufrir un nuevo ataque por parte de su pareja, arrojada por la herramienta de IA VioGén que se utiliza en el 100% de las denuncias en este campo, muy pocos serán los miembros de la judicatura que se atrevan a dejar a ese agresor libre y sin medidas de protección a la víctima. Sin embargo, el sistema, como todos los sistemas, no es infalible y tiene un porcentaje de error. También existen casos donde el sistema ha arrojado un riesgo bajo o nulo de que esta mujer víctima de violencia de género vuelva a sufrir una nueva agresión y, finalmente, esta ha sido asesinada por su pareja o expareja sentimental. Sobre esta cuestión concreta del VioGén sí se ha intentado analizar, a través de un estudio, qué tipo de sesgos tiene la herramienta y en qué casos ha fallado en un mayor porcentaje. Parece ser que las primeras conclusiones se decantan porque el sistema ha establecido un menor riesgo de reiteración delictiva sobre aquellas mujeres no nacionales españolas, respecto de las que sí lo son[51].

---

[51] Ver más sobre las deficiencias de este sistema en: Martínez Garay, Lucía. (2024). *Three predictive policing approaches in Spain: VIOGÉN, RISCANVI*

No obstante, uno de los grandes desafíos que tiene la IA actualmente en el campo del Derecho va a ser la obligatoriedad de abrir todas las llamadas *Blackbox*. Actualmente, y tras casi una década utilizando el sistema VioGén, no conocemos el algoritmo y los pesos que le da a cada ítem para valorar el riesgo de sufrir una nueva agresión. De la misma manera, desconocemos el interior de cada una de las aplicaciones de IA que asisten en las valoraciones a los operadores jurídicos. Y no solo nosotros, sino que ellos, los propios usuarios a los que condiciona de alguna manera su decisión también desconocen completamente el funcionamiento de las mismas. Así mismo, también afecta al derecho de defensa, ya que aquel que es apuntado por un sistema de IA como sospechoso, al desconocer cómo ha llegado la máquina a esa conclusión, tampoco puede defenderse de dicha acusación (Llorente, 2022: 259).

Así se hizo saber en el que ha sido el caso más paradigmático de la doctrina de la IA en Estados Unidos. El caso *State vs. Loomis,* de 13 de julio de 2016, donde dictó sentencia el Tribunal Supremo del Estado de Wisconsin. En él, el software COMPAS, dotado de un sistema de IA distribuido por la empresa privada Northpointe Inc, emitió un informe sobre un alto porcentaje de reincidencia del ciudadano Loomis. En base a el informe emitido por el software COMPAS, junto con las conclusiones finales del Fiscal que apoyaban el criterio del software, el juez dictó sentencia e indicó que el presunto culpable contaba con un alto riesgo de violencia y un alto riesgo de reincidencia. Por ello, Loomis fue condenado a seis años de prisión y cinco años de libertad vigilada (Martínez, 2018: 485). Afortunadamente, esta sentencia fue revocada por la instancia superior debido a que se probó que estas herramientas incluían sesgos de género, raciales e, incluso, por clase social. Asimismo, los jueces de apelación advirtieron a los jueces de la instancia inferior de su deber de excluir las evaluaciones de riesgos tecnológicas cuya metodología

and VERIPOL Assessment from a human rights perspective, Valencia: Publicacions de la Universitat de València.

permanezca en secreto o de las que no se pueda controlar su querencia. Así las cosas, en la actualidad esta herramienta de IA se encuentra limitada hasta que existan estudios suficientes para conocer su *Blackbox* y poder contrarrestar las desventajas de estas evaluaciones sesgadas.

1.2 IA para la gestión en los juzgados y tribunales

Actualmente existen multitud de aplicaciones de IA en el ámbito de la Justicia. Algunas lo que permiten es realizar trabajos repetitivos o de poco valor. De modo que la IA de manera automática, a través de la tecnología denominada como *machine learning*, puede aprender los parámetros para realizar estos trámites y, simplemente, repetir la operación en miles de ocasiones sin apenas lugar al error. Por ejemplo, encontramos la herramienta para la cancelación de antecedentes penales del Registro Central de Penados a través de una aplicación dotada de inteligencia artificial. Esto ha hecho posible la cancelación de más de centenares de miles de antecedentes penales de oficio de manera automatizada, ahorrando prácticamente millones de horas de trabajo de revisión de documentos al funcionariado de los juzgados de nuestro país. Como vemos, un trabajo puramente de gestión y donde no se implica ninguna decisión judicial.

Otra realidad con IA dentro de nuestro servicio público de Justicia ha sido la digitalización en el Registro Civil. A través de dos escáneres de alta resolución dotados de IA se han ido escaneando las hojas de registro y registrando los datos de cada ciudadano y ciudadana para incorporarlos a su hoja de vida. De esta manera pasamos de un sistema 100% en papel a un sistema 100% online al que cualquiera puede acceder desde su ordenador personal y en cualquier momento, sin necesidad de citas previas, desplazamientos hasta el registro o llamadas interminables.

Así mismo, aunque no tanto como IA, sino más bien a través de la automatización, se están realizando otras tareas de digitalización de la administración de justicia muy importantes y relevantes, como es el expediente judicial electrónico que permite que todos los asuntos en los juzgados estén 100% digitalizados. De modo que, a día de hoy, todas las comunicaciones dirigidas al juzgado y todos los escritos que se presentan en el juzgado se remiten a través del programa informático Lexnet Justicia -con algunas excepciones muy puntuales-. Posteriormente, todos los expedientes en todo el territorio nacional se encuentran totalmente digitalizados, lo que permite su visualización tanto por el órgano jurisdiccional como por todos los agentes que intervengan o sean parte del mismo de manera online, a través del visor del expediente judicial electrónico al que tienen acceso a través de la sede judicial electrónica. La sentencia o resolución judicial también será remitida de manera electrónica a través de Lexnet Justicia.

Además, recientemente se trabaja en el desarrollo del denominado Escritorio Virtual de Inmediación Digital (EVID) que permite al funcionariado ofrecer la misma atención presencial, pero a través de videoconferencia, para realizar todo tipo de trámites con la ciudadanía, además de poder crear y gestionar citas. No obstante, actualmente no se encuentra implantado en todo el territorio nacional[52].

1.3 Nuevo Reglamento UE sobre IA

Hasta ahora, con exclusión de lo que veíamos que ocurre con el sistema VioGén, la Administración de Justicia española utiliza la IA como medio puramente de gestión, a fin de dejar para las personas aquellos trabajos que sí requieren de atención, reposo o, como se suele decir, aquellas tareas con mayor valor añadido. Por ello, en la actualidad, en nuestro país la IA dentro de la Administración de Justicia no supone un riesgo o un rival a batir, salvo por lo que ocurre con el sistema VioGén,

---

[52] Ver más en: https://www.administraciondejusticia.gob.es/-/soluciones-escritorio-virtual-de-inmediacion-digital, visitada el día 4 de diciembre de 2024.

aunque esto tiene los días contados. En virtud del nuevo Reglamento (UE) 2024/1689 del Parlamento Europeo y del Consejo de 13 de junio de 2024 por el que se establecen normas armonizadas en materia de inteligencia artificial[53], según se establece en su considerando 61, serán clasificados de alto riesgo determinados sistemas de IA destinados a la administración de justicia y a los procesos democráticos, dado que pueden tener efectos potencialmente importantes para la democracia, el Estado de Derecho, las libertades individuales y el derecho a la tutela judicial efectiva y a un juez imparcial. La finalidad es limitar al máximo los posibles riesgos derivados de sesgos, errores u opacidades, procediendo a clasificar como de alto riesgo aquellos sistemas de IA destinados a ser utilizados por una autoridad judicial, o en su nombre, para ayudar a las autoridades judiciales a investigar e interpretar los hechos y el Derecho, así como a aplicar la ley a unos hechos concretos.

No obstante, quedan fuera de estas herramientas de IA de alto riesgo aquellas dedicadas a tareas meramente administrativas, accesorias y que no afecten a la tarea decisional de la justicia propiamente. Es decir, en casos como pueden ser la anonimización o seudonimización de resoluciones judiciales, documentos o datos, la comunicación entre los miembros del personal jurisdiccional o las tareas administrativas que estos llevan a cabo durante el proceso.

Sin embargo, el que estos sistemas sean clasificados como de alto riesgo no supone que no puedan ser utilizados, sino simplemente que lo que se va a perseguir es que se garantice -de manera más eficaz de lo que se está haciendo hasta ahora- la protección de los derechos fundamentales. De modo que, siempre que los responsables del despliegue de sistemas de IA de alto riesgo sean organismos de Derecho público, o

---

[53]   y por el que se modifican los Reglamentos (CE) nº 300/2008, (UE) nº 167/2013, (UE) nº 168/2013, (UE) 2018/858, (UE) 2018/1139 y (UE) 2019/2144 y las Directivas 2014/90/UE, (UE) 2016/797 y (UE) 2020/1828 (Reglamento de Inteligencia Artificial).

bien entidades privadas que presten servicios públicos, deberán llevar a cabo una evaluación de impacto relativa a los derechos fundamentales antes de su puesta en funcionamiento.

El objetivo de esta evaluación de impacto relativa a los derechos fundamentales es que la persona responsable del despliegue determine los riesgos específicos para los derechos de las personas o colectivos que, probablemente, se vean afectados, así como que defina las medidas que deben adoptarse en caso de que se materialicen dichos riesgos. De manera que, quien utilice estos sistemas de IA para decidir sobre un asunto, debe conocer el impacto sobre los derechos fundamentales que esta aplicación puede tener y los colectivos que se pueden ver afectados ante una valoración sesgada del mismo. Por ello, la evaluación también deberá determinar los riesgos de perjuicio específicos que probablemente afecten a los derechos fundamentales de dichas personas o colectivos.

Además, se deben prever los mecanismos de supervisión humana con arreglo a las instrucciones de uso y a los procedimientos de tramitación de reclamaciones y de recurso, ya que podrían ser fundamentales para mitigar los riesgos para los derechos fundamentales en casos de uso concretos. Esta supervisión se llevará a cabo recopilando la información pertinente y necesaria para realizar la evaluación de impacto, sobre todo cuando el sistema de IA se utilice en el sector público. En este caso se deberá contar con la participación de las partes interesadas y pertinentes, como, por ejemplo, los representantes de colectivos de personas que probablemente se vean afectados por el sistema de IA, personas expertas independientes u organizaciones de la sociedad civil. Esta recaerá en la realización de dichas evaluaciones de impacto y en el diseño de las medidas que deben adoptarse en caso de materialización de los riesgos. Si bien, este campo es tan complejo que la nueva Oficina Europea de Inteligencia Artificial elaborará un modelo de cuestionario con el fin de facilitar el cumplimiento y reducir la carga administrativa para los responsables del despliegue (De Hoyos, 2022: 403).

Sin embargo, cuando nos adentramos a estudiar qué ocurre con los programas informáticos que permiten realizar *deepfakes* sexuales o pornográficos con imágenes de terceros sin su consentimiento, la situación es diferente. Al estar tratando con empresas privadas y sin fines públicos, resulta aplicable el artículo 50.4 de la norma que trata sobre las Obligaciones de transparencia de los proveedores y responsables del despliegue de determinados sistemas de IA. Este indica que en estos casos los responsables del despliegue de un sistema de IA que genere o manipule imágenes, contenidos de audio o vídeo que constituyan una ultrasuplantación harán público que estos contenidos han sido generados o manipulados de manera artificial. La salvedad recae en que, si el contenido forma parte de una obra o programa manifiestamente creativo, satírico, artístico, de ficción o análogo, las obligaciones de transparencia establecidas en el presente apartado se limitarán a hacer pública la existencia de dicho contenido generado o manipulado artificialmente, de una manera adecuada y sin que dificulte la exhibición o el disfrute de la obra.

Todo ello, contando con que la aplicación de IA y la empresa que la comercialice se encuentren en territorio europeo, donde tendríamos una oportunidad más certera de perseguir a la misma. A pesar de que el ámbito de aplicación de la norma indica que quedan sujetos a la misma los proveedores que introduzcan en el mercado o pongan en servicio sistemas de IA, o que introduzcan en el mercado modelos de IA de uso general en la Unión, con independencia de si dichos proveedores están establecidos o ubicados en la Unión o en un tercer país, es por todos conocido que si un proveedor de servicios informáticos esta fuera de la UE, nuestra capacidad para sancionarlo es bastante limitada.

Así las cosas, podemos ver una gran diferencia entre los sistemas públicos y privados de IA. Por un lado, el uso de la IA con fines decisionales requiere que el personal juzgador y que utilice estos softwares sea consciente de los riesgos, sobre todo en cuanto a la libertad y el quebrantamiento de derechos fundamentales que pueden surgir fruto de su aplicación, así como de los sesgos que estos programas pueden contener.

Por otro, en el contexto de los sistemas privados de IA que, en el caso de las *deepfakes* o ultrasuplantación, como lo denomina la norma, pueden igualmente infringir derechos fundamentales e, incluso, actuar como arma criminal contra fundamentalmente mujeres y menores de edad, la norma solamente les requiere que aparezca en algún lugar, que podrá ser con letra milimétrica, que esa imagen o video han sido generados por IA y que puede no corresponderse con la realidad.

Por lo tanto, avances sin duda, desafíos muchísimos con muy diferentes perspectivas, pero en lo que aquí nos ocupa veremos esa perspectiva de género tan acusada que vuelve a ser vulnerada y vulnerable ante la digitalización y algoritmización de la sociedad y, en consecuencia, del Derecho (Montesinos, 2024: 566).

2. OBJETIVOS Y METODOLOGÍA

En el contexto actual, podemos decir que existen nuevas formas de delincuencia. En concreto, la red, Internet, se ha convertido en el lugar idóneo para realizar estos actos delictivos con la mayor de las impunidades, ya que muchas personas, y sobre todo jóvenes, ven el escenario como si de un videojuego se tratase.

La percepción del daño, del riesgo o de la importancia de nuestros actos se diluye cuando estamos delante de una pantalla. Ahí parece que todo vale. La sensación de que no nos miran en el cara a cara y no conocen ni nuestros datos, ni nuestra imagen, es como si lo estuviera realizando con la absoluta certeza de que nunca sabrán quién soy. Y quizá esa es una de las claves que hay que despertar en el alumnado más joven. En Internet no existe el anonimato, casi nunca, ni siquiera en la denominada *Dark Web*[54], *ya que gracias a la nueva figura del agente*

---

[54] Dentro de Internet debemos diferenciar cuatro conceptos diferentes: Clearnet, Deep web, Dark web y Darknet. El más fácil de entender es el de la Clearnet, que es el Internet tal y como lo conoces, las páginas que encuen-

encubierto informático cada vez se persigue más este tipo de ciber crimi-nalidad (Villar, 2022: 197).

Los datos hablan por sí solos. El 96% de las deepfakes pornográficas son no consentidas, lo que supone un delito de abuso sexual basado en imágenes. Además, el daño psicológico se data en el 99% de las víctimas de este nuevo modelo de ciber delincuencia. Y todo ello, unido a la per-cepción de impunidad de los delincuentes, ya que el 74% de los usuarios que había interactuado con pornografía *deepfake* no se sentía culpable por su consumo (Bigas, 2024: 1).

Por todo ello, hoy más que nunca es necesario realizar este proyecto de transferencia del conocimiento. Por un lado, para que desde la ado-lescencia, como potenciales infractores por desconocimiento de la nor-ma, puedan conocer las consecuencias fatales que tiene para su futuro la realización de este tipo de actividades, a la par de concienciarles de las consecuencias, sobre todo psicológicas, que conllevan para las víc-

tras en Google y otros buscadores y a las que puedes acceder directamente desde ellos. En segundo lugar, la Deep Web engloba toda la información a la que no puedes acceder públicamente. Puede tratarse de páginas conven-cionales protegidas por un *paywall*, pero también archivos guardados en Dropbox, correos guardados en los servidores de tu proveedor, y todas esas páginas que se crean durante unos instantes, por ejemplo, cuando configu-ras un buscador de viajes y te muestra el contenido. Debemos aclarar que la Deep Web es el 90% de Internet y la Dark Web ocuparía únicamente el 0,1% de ella. Así en tercer lugar, la Dark Web es una porción de Internet intencionalmente oculta a los motores de búsqueda, con direcciones IP en-mascaradas y accesibles sólo con un navegador web especial. La Dark Web es el contenido que puedes encontrar en diferentes Darknets, que son cada una de las redes a las que sólo puedes acceder con programas específico. La más popular es TOR, pero también tienes a Freenet, I2P o ZeroNet. Cada una de estas es una Darknet, pero cuando nos referimos a todas en general utilizamos el término Dark Web.Fuente https://www.xataka.com/basics/que-dark-web-que-se-diferencia-deep-web-como-puedes-navegar-ella, [Fe-cha de consulta10 de diciembre de 2024].

timas que sufren este tipo de agresiones. Y, por otro lado, para que las potenciales víctimas en el presente o en el futuro conozcan las herramientas que tienen a su disposición para la denuncia de este tipo de agresiones, así como los recursos que trabajan por y para evitar estos daños o que, al menos, estos sean lo más limitados posibles.

Por ello, nuestro trabajo en el aula se dividirá en una parte de la sesión dedicada, en primer lugar, a explicar las implicaciones de la IA en el Derecho como aliado para la lucha contra la ciber criminalidad y, sobre todo, para la defensa de las mujeres, pues son agredidas a través de Internet por el simple hecho de serlos, así como los diferentes programas que están en marcha.

2.1 IA como aliada contra la violencia de género

Así, por ejemplo, se enunciarán brevemente programas como Violetta, Sophia y Sara, que son una nueva generación de *chatbots* que acompañan a víctimas de violencia machista. Violetta ha acompañado a 260.000 usuarias anónimas en México solo en el año 2023. Estas víctimas confiesan haber acudido a esta herramienta por vergüenza, por el miedo a ser juzgadas, o por tener un ambiente familiar que ha frenado, en varias ocasiones, sus impulsos para denunciar y dar ese primer paso adelante para salir de la espiral de violencia en la que se encuentran. Esta aplicación se autodefine como un confidente digital más que como un *chatbot* y fue iniciada durante el confinamiento por la covid-19. En ese contexto hubo una saturación de las líneas telefónicas de apoyo contra la violencia de género y cientos de hogares dejaron de ser espacios seguros en México, un país que cuenta con más de 3.000 feminicidios al año de media. Violetta es una IA supervisada y no generativa que se basa en un conjunto de datos y utiliza algoritmos específicos, similar a lo que hace el famoso y archiconocido ChatGPT. Actualmente, el *chatbot* ha logrado encauzar a 40.000 personas con especialistas terapeutas, aunque también ofrecen contactos de instituciones legales.

Por otro lado, Sophia Chat es un *chatbot* creado y financiado por la ONG suiza Spring ACT y también surgió durante la pandemia. Hasta el momento, data su ayuda en más de 40.000 víctimas de violencia. Este software está dirigido por un equipo multidisciplinar en el que se encuentran asistentes sociales, profesionales de la psicología, programadores y abogados y abogadas que han entrenado a Sophia. Como ventajas relevantes, destaca la no necesidad de crear un *loging* o cuenta para su uso. Este software se puso en marcha por primera vez en Perú, ya que en este país más de la mitad de sus mujeres confiesan haber vivido una situación de violencia por el simple hecho de ser una mujer.

En el mismo contexto nacen Sara -iniciada en 2023 para República Dominicana- y María -iniciada en 2024 en Honduras-, ambas con la misma finalidad: ayudar a mujeres, niñas y especialmente a adolescentes víctimas de la violencia machista. República Dominicana y Honduras son los países con las tasas más altas de feminicidios en Latinoamérica y, por ello, la *start-up* alicantina 1MillionBot ha desarrollado estos *chatbots* adaptados a los contextos locales gracias a la financiación y el apoyo del Programa de Naciones Unidas para el Desarrollo.

Muchas personas, a estas alturas, estarán preguntándose qué hay de España. Bien, aunque no lo creamos nuestras cifras de violencia de género no son tan alarmantes como la de los países que acabamos de citar. No obstante, existe una experiencia piloto llamada AinoAid™[55] que, actualmente, está siendo entrenada por la policía local de Valencia. La actual finalidad es establecer una buena traducción del *chatbot,* ya que fue creado en Finlandia en 2021 en el marco del proyecto Improve y con fondos de la Unión Europea[56].

---

[55]   Ver más sobre este proyecto en: https://ainoaid.fi/es-es, [Fecha de consulta15 de diciembre de 2024.

[56]   Fuente: https://elpais.com/tecnologia/2024-10-10/estoy-aqui-para-dar-te-apoyo-violetta-sophia-y-sara-los-chatbots-que-acompanan-a-victi-mas-de-violencia-machista.html, [Fecha de consulta12 de diciembre de 2024].

Por otro lado, el *chatbot* chileno SOF+IA incluye seguimiento en casos de abusos como acoso, seguimiento, intercambio no consentido de imágenes íntimas o amenazas de muerte. En Chile, investigadores de Datos Protegidos diseñaron este *chatbot* feminista basado en la web que brinda apoyo y recursos a quienes sufren violencia de género en plataformas de redes sociales[57]. SOF+IA guía a las personas usuarias sobre cómo denunciar casos en esas plataformas, proporciona consejos de autocuidado digital y evalúa si una situación se puede denunciar a la policía. Los datos generados por SOF+IA también se utilizan para aumentar la conciencia pública sobre la violencia de género, a través de visualizaciones de datos informativos y notificaciones personalizadas dirigidas a las personas usuarias cuando ocurren ataques coordinados o acoso contra mujeres en diferentes plataformas de redes sociales.

Y, finalmente, comentaremos la aplicación SafeHER, diseñada en Filipinas contra el acoso en el transporte público en función de sus experiencias y necesidades vividas. Proporciona herramientas tales como alerta SOS, uso compartido de ubicación en vivo, detección de gritos y un sistema de "amigos" para mejorar la seguridad en el transporte público[58].

Como vemos, existe una legión de aplicaciones feministas dotadas de IA destinadas a proteger a las mujeres que sufren cualquier tipo de violencia por el simple hecho de serlo. Afortunadamente en este punto, no distinguimos si el o los agresores han tenido o tienen alguna relación sentimental o afectiva con la víctima, como hace la legislación española.

Si bien, debemos advertir que son softwares que, por un lado, cuentan con las ventajas de la salvaguardia total del anonimato de las perso-

---

[57]   Technology-Facilitated Gender-Based Violence abreviado como TFGBV por United Nations Population Fund, fuente: https://www.unfpa.org/TFGBV, [Fecha de consulta15 de diciembre de 2024].

[58]   Fuente: https://aplusalliance.org/safeher-using-ai-to-ensure-womens-transport-safety/, [Fecha de consulta15 de diciembre de 2024].

nas que lo utilizan y con la tranquilidad de estas personas que escriben tras una pantalla de ordenador o de móvil, incluso muchos se pueden utilizar a través de WhatsApp. Sin embargo, estas aplicaciones tan solo aconsejan y para denunciar la violencia contra las mujeres se debe dar un paso adelante y acudir a profesionales sanitarios, educativos o policiales para que puedan ayudar a las mujeres a salir del bucle de la violencia en el que están inmersas.

2.2 El agente encubierto informático contra la violencia de género

Tras una de las modificaciones más importantes que ha tenido la Ley de Enjuiciamiento Criminal en 2015, se desarrollaron una serie de instrumentos de investigación tecnológicos calificados por el legislador de aquel momento como muy novedosos. Dentro de este conjunto de medidas se encontró el denominado agente encubierto informático, ya que las características particulares que tiene la cibercriminalidad, como el anonimato -que, como veíamos *supra,* no siempre es total-, la globalidad y la transnacionalidad del fenómeno, llevaron al legislador a implementar medidas como esta para poder luchar contra el cibercrimen de forma más eficaz.

Hoy, una década después de esta legislación, ya no podemos tildar esta reforma como novedosa. No obstante, sí es la piedra angular sobre la que la policía dedicada a delitos informáticos actúa y, afortunadamente, cada vez con recursos más sofisticados. Si bien, para estas actuaciones, que en ocasiones vulneran el derecho a la privacidad de las comunicaciones, se requiere una autorización judicial para actuar en ciertos canales privados o cerrados. Así mismo, el art. 282 bis, apartado 6, permite que el juez de instrucción autorice a funcionarios de la Policía Judicial para actuar bajo identidad supuesta en comunicaciones mantenidas en canales cerrados de comunicación. Ello, con el fin de esclarecer algunas tipologías de delitos entre los que se encuentran el delito de trata de seres humanos, previsto en el art. 177 bis del Código Penal, y delitos relativos a la prostitución. Además, en la actualidad, diversas aplicaciones de IA permiten a los agentes informáticos detectar con más facilidad aquellos focos o presuntos archivos que pueden contener imágenes o videos ilícitos o no consentidos (Villar, 2022:197).

Por ello, aquellos jóvenes infractores deben ser conscientes de que, en caso de crear, enviar o reenviar imágenes o vídeos de contenido sexual realizados mediante programas de IA, pueden estar cometiendo un delito de abuso sexual, acoso o suplantación de identidad, además de un delito contra el honor y la intimidad de la víctima. Y que, a pesar de ser menores de edad, son penalmente responsables y deberán atenerse a las medidas que la Ley Orgánica 5/2000, de 12 de enero, Reguladora de la Responsabilidad Penal de los Menores establezca para cada casuística. Todo ello, además de las altas multas económicas a las que se someterán a los padres o tutores responsables de los jóvenes infractores y por las que deberán responder.

El objetivo de esta primera parte teórica de la clase magistral es múltiple. En primer lugar, se pretende explicar el escenario actual de la IA en la justicia y cómo la IA puede generar conflictos judiciales. En segundo lugar, pasaríamos a empoderar y dar herramientas a las jóvenes, que pueden llegar a ser potencialmente víctimas de este tipo de acosos y suplantaciones sexuales. En tercer lugar, advertiremos de las herramientas que está desarrollando la justicia para combatir este tipo de situaciones, así como las consecuencias civiles y penales que puedan derivarse de estas actividades calificadas como delictivas, a pesar de que en la conciencia de los y las adolescentes puedan resultar totalmente inocuas por la habitualidad de las mismas.

3. PROPUESTA DIDÁCTICA

Sin embargo, estos objetivos y metodologías no se implementan en la memoria del alumnado con una simple exposición de los hechos, de las herramientas y de las consecuencias de lo que ocurre con el uso de estas aplicaciones de ultrasuplantación. Por el contrario, deberemos realizar, al menos, una o dos actividades que lo impliquen y que sean ellos y ellas los verdaderos protagonistas para que sean conscientes de las limitaciones personales, familiares, sociales y psicológicas que pueden surgir debido a un ataque a la privacidad, como ocurre con estas *deepfakes* sexuales.

El avance en la pedagogía nos indica que las clases magistrales son bastante limitadas para conseguir que el alumnado sea consciente y sensible con aquello que se le explica. Por ello, si lo que pretendemos es que nuestro alumnado sea capaz de reconocer este tipo de situaciones de acoso y pueda responder de manera creativa y ética ante este nuevo escenario de la digitalización, debemos darle un papel protagonista en nuestra explicación. Con este objetivo y para esta temática, hemos propuesto una actividad basada en el *role play* (Rekalde y Pérez-Sostoa, 2015: 81).

3.1 Explicación y razón de ser del *"role play"*

Por grupos pequeños de alumnos y alumnas, cada uno representará a una de las partes implicadas en esta problemática. Así, tendremos, por un lado, a los representantes de las víctimas y, por otro lado, a los jóvenes que han utilizado la aplicación. Asimismo, otro grupo que represente a las familias de las víctimas y a las familias de los jóvenes y, finalmente, un grupo de mediadores que se va a dedicar a dirigir el diálogo y a intentar facilitar un acuerdo y la comprensión de todos los grupos entre sí.

No obstante, este "role play" precisa de un trabajo previo a su inicio. En primer lugar, y tras la explicación teórica del estado de la cuestión, se le hará una breve introducción de los medios alternativos de resolución de conflictos (Barona, 2018: 18) y, en concreto, de la mediación. En esta explicaremos e incidiremos, sobre todo, en las diferentes formas de finalizar una mediación (Donald, 2022: 24). Esto se debe, principalmente, a que ante este tipo de actividades son muchos los miembros que intentan ganar a toda costa imponiendo sus argumentos a través de incisos mientras otras personas tienen el turno, incluso los lleva a levantar su voz sobre el resto del grupo. Y, a pesar de que en ocasiones mal llamamos a estas prácticas liderazgo, debemos ayudar al alumnado a comprender la importancia de la escucha activa y la empatía para poder vencer de una manera sana dentro del escenario.

Por ello, se les plantearán cuatro posibles escenarios para la finalización de la mediación en virtud de los modelos tradicionales *win-lose* (Barona, 2018: 23). Se les explicará que, en caso de que la actividad finalice sin acuerdo para ninguna de las partes, esto se denomina por la doctrina un *lose-lose* y, por lo tanto, prácticamente podemos decir que hemos perdido el tiempo intentando llegar a un acuerdo o a una concienciación del grupo, ya que, por enrocarse en sus posturas, las partes no han sabido ceder lo suficiente y no ha sido posible llegar a un acuerdo. Sin embargo, tampoco buscamos una finalización *lose-win* en la que la parte agresora sea vilipendiada por el resto de los grupos, ya que sabemos que en muchas ocasiones estos jóvenes infractores no son capaces de entender y comprender la trascendencia y el daño de sus actos. Y, precisamente, lo que pretendemos es concienciar al alumnado potencialmente infractor de los daños y riesgos de utilizar este tipo de aplicaciones. Por ello, lo que pretendemos con esta actividad es una finalización de *win-win* donde víctimas y victimarios se reconozcan y empaticen.

3.2 Mediación colaborativa

En el contexto en el que nos situamos se busca que quienes participen no se sientan adversarios, sino que desde la mediación promoveremos una relación cordial o amistosa, con confianza entre los grupos, haciéndoles ver más allá de sus propios intereses y/o necesidades. En definitiva, se persigue informar y comunicar al otro, no contra argumentar. Para ello se precisa que se ofrezca entre los grupos diferentes alternativas y nunca amenazas. Y finalizará en acuerdo siempre que se cubran las necesidades del otro, a través de las cesiones o pérdidas en búsqueda del acuerdo (Barona, 2018: 52) y del bien común.

La mediación la llevaremos a cabo usando el método de la escuela de Harvard, que es el modelo más tradicional y usado en todo el mundo desde los años sesenta. Este modelo, también llamado lineal, tiene como esencia conocer los intereses de las partes para poder llegar a un acuerdo y está vinculado a las técnicas de la negociación colaborativa. Está basado en cuatro ejes:

a) Trabajar la separación de las personas respecto del conflicto, trabajando la empatía, la escucha activa y el manejo emocional de los conflictos.

b) Diferenciar los intereses de cada parte con respecto de su posición.

c) Trabajar de manera creativa las opciones comunes y generar lluvias de ideas.

d) Generar y trabajar con criterios de legitimidad (Barona, 2018: 84).

Si bien, existen otras escuelas, como la escuela circular narrativa, que trabaja fundamentalmente en el reconocimiento del conflicto a través del intercambio de información. Por su parte, la escuela transformativa se centra en la idea de que el conflicto es consustancial al ser humano y a la sociedad y, en este sentido, hay que trabajar para cambiar o transformar el conflicto, las relaciones y los individuos, provocando con ello cambios sociales necesarios. Este último modelo pretende el fortalecimiento del yo de cada una de las partes y el reconocimiento o la revalorización de la otra. Sirvió de modelo para el proyecto Nanclares de encuentros restaurativos entre víctimas-condenados de ETA (Barona, 2018: 87).

4. DESARROLLO DE LA ACTIVIDAD

Una vez realizada la explicación teórica y la introducción a la práctica, se dará comienzo a informar sobre el desarrollo propiamente dicho del "role play". Para ello, en primer lugar, se realizarán dos rondas donde cada una de las partes del conflicto tendrá entre 45 segundos y 1 minuto para explicar sus argumentos, su postura, su sentir y sus pareceres, ya que una primera ronda para presentar las posturas puede ser muy exigente para un alumnado que no ha tenido contacto con la mediación nunca. No obstante, para tener un poco de control de los tiempos se les facilitará a los mediadores un cronómetro para evitar que alguna de las partes se extralimite en sus tiempos.

Una vez presentadas las posturas, acudiremos a realizar una lluvia de ideas sobre las posibles soluciones al conflicto por todas y cada una de las partes, para lo que se les dejará un máximo de 2 minutos. Con esa lluvia de ideas presentada en la pizarra, y tras observar el escenario, se les ofrecerá a los mediadores la posibilidad de presentar alguna idea más para la finalización del conflicto.

Si alguna de las soluciones es repetida por varios grupos o si todos convienen en una misma solución se adoptará y se explicará la importancia de este acuerdo, así como los inconvenientes de este. Todos los acuerdos contendrán ventajas e inconvenientes para todas las partes y es que de eso se trata, de modular las posturas radicales hacia cualquiera de las partes, ya que si adoptamos posturas radicales ante los victimarios posiblemente estos vuelvan a reincidir en este o en otro tipo de delito. Sin embargo, si somos capaces de que estos empaticen y obtengan una condena responsable y de la que hayan sido protagonistas en su elección, su concepto de la justicia, del deber y la empatía hacia los demás podrá cambiar y conseguiremos su reeducación.

No obstante, lo más usual es que no encontremos una única postura o un consenso sobre una postura. Y ahí entrarán a jugar un papel esencial las personas mediadoras del conflicto.

4.1 El rol de la persona mediadora

Es importante que el primer rol que repartamos sea el de las personas mediadoras, ya que deben ser compañeros y compañeras con un reconocido papel de empatía y responsabilidad dentro del grupo. Se definen como pilares esenciales de la mediación la lealtad, la buena fe, el respeto mutuo a las partes y la colaboración con el mediador, ya que las partes deberán hacerlo intensamente con la persona mediadora en todo momento (Barona, 2018: 75). Si bien, resulta complicado, sobre todo a las edades del alumnado al que va destinada esta actividad, la delimitación de qué debe o cómo puede medirse esa idea de lealtad y debido respeto o actuar de buena fe. No obstante, si es fácil para ellos identificar la colaboración de los grupos que forman las partes o las personas mediadoras.

Además de ser personas empáticas y reconocidas por el grupo, deberemos buscar que estas sean capaces de unir las posturas. Para ello, el docente responsable de la actividad podrá colaborar con ellas para redirigir el conflicto, sobre todo si llega a un punto donde se encuentre encallado o sin salida. No obstante, lo ideal es que el docente no intervenga o que lo haga lo menos posible durante esta fase de dialogo cruzado.

Las personas mediadoras serán las que, una vez hayan finalizado las dos rondas de argumentaciones, inicien el dialogo cruzado y vayan dando la palabra a unos grupos y otros. Esta parte no debe durar más de 10 minutos para evitar que se exalten las posturas de cada grupo.

Una vez finalizado el diálogo cruzado, las personas mediadoras deben intentar hilar las diferentes posturas y ofrecer un acuerdo a las partes que sea satisfactorio para todas. En este tipo de "role play" es importante acabar con un acuerdo. Por ello, a pesar de que en la práctica los mediadores no deben ofrecer ningún acuerdo a las partes, ya que deben ser estas las que se den un acuerdo sin intervención del mediador -lo contrario que ocurre en la conciliación, donde el conciliador si propone un acuerdo final a las partes-, en esta práctica sí ayudaremos a las personas mediadoras a formar un acuerdo en el que se vea reflejado el sentir de todos los grupos.

4.2 El rol de las partes

Tan importante es el comportamiento de los mediadores durante la sesión como la de los grupos que formen en resto de roles, ya que, sin la colaboración máxima de cada uno de ellos, la actividad fracasará. A favor contamos con que cada *role* está formado por varios alumnos y alumnas, con lo que la posibilidad de que en cada uno exista al menos una persona implicada es más fácil.

Generalmente, lo ideal es que sean ellos mismos los que formen los grupos y que posteriormente sea el docente el que les reparta los papeles. No obstante, la necesidad de un equilibrio entre los grupos puede que nos lleve, en ocasiones, a realizar algunos cambios en los grupos iniciales para promocionar que el alumnado se acostumbre a trabajar con compañeros y compañeras con diferentes personalidades y a modificar sus dinámicas en pro de una mejor adaptación a diferentes contextos (Catalán, 2023: 110).

Posiblemente el primer caballo de batalla con el que tenemos que lidiar sea el de la limitación de los tiempos, ya que el tiempo de preparación para llegar a la actividad es extenso si queremos que esta pueda realizarse con unas garantías mínimas de éxito. En primer lugar, la explicación de la teoría y la problemática a abordar. En segundo lugar, la enseñanza sobre los -*Alternative Dispute Resolution*- o Resolución alternativa de litigios, en adelante ADR, la mediación, los papeles etc. En tercer lugar, la explicación de la propia actividad y, en cuarto lugar, el propio *role play*. Todo ello hace que finalmente quede un tiempo muy limitado para escuchar al alumnado, para que estos tengan tiempo de realizar sus propias reflexiones e, incluso, para buscar soluciones más complejas a la problemática que se les plantea.

Por ello, debemos ser muy conscientes del reloj para evitar quitarle tiempo a lo verdaderamente importante que es la expresión del alumnado.

4.3 Los casos propuestos

En este apartado propondremos dos casos tipo para que tanto docentes como alumnado decidan el más apropiado o sobre el que les apetece mediar en el momento de la sesión. O bien, si disponen de más de una sesión para dedicarle a la temática, para que puedan hacer ambos casos.

a) *Role play* de mediación en *deepfakes*

En primer lugar, se plantea un caso supuesto sobre la realización de un vídeo de contenido sexual con la imagen no consentida de una compañera de clase a través del programa de *deepfakes*[59]. Se reparten cuatro roles.

1. La víctima. Cuenta con daños psicológicos desde que tuvo conocimiento del vídeo. Ha desarrollado ansiedad e incluso pensó en quitarse la vida. Muestra su angustia y su vergüenza cada vez que alguien la mira por la calle porque piensa que ha visto su vídeo. Desde entonces se muestra muy insegura a la hora de relacionarse con chicos de su edad. Durante 3 meses no asistió a clase y esto le hizo perder el curso. Posteriormente se indicará un "Solicita como reparación...".

---

[59] No obstante, se advierte de que la mediación y la conciliación no caben en casos de violencia sexual y violencia de género, en virtud de la reforma de la Ley 4/2015, de 27 de abril, del Estatuto de la víctima del delito, operada por la Ley Orgánica 10/2022, de 6 de septiembre, de garantía integral de la libertad sexual. El sentido de la dinámica propuesta es meramente educativo y de concienciación.

2. La familia de la víctima. Narran el sufrimiento como padres de ver esa situación tan injusta sobre su hija. Incluso también han sentido vergüenza, ya que sus conocidos han llegado a ver el vídeo. Además, nadie les cree cuando les dicen que ese vídeo no es real, sino que es fruto de la IA. A continuación, se indicará "Propone como reparación...".

3. El victimario. Dice que lo hizo por aburrimiento, durante una clase y desde su móvil bajo la mesa. No fue planeado, simplemente recortó su imagen de una foto grupal que tenían del fin de semana. Lo hizo por ver cómo quedaba, pero al enviarlo a un grupo de otros cinco compañeros de clase el vídeo se publicó en todos los grupos similares. Incluso confiesa que le gusta la chica y que le parece buena persona. Tras esto se indicará "Ofrece como reparación...".

4. La familia del victimario. Sufren a diario con los problemas que este presenta con las pantallas. No ha sido la primera vez que se mete en problemas, antes ya había realizado compras por internet con la tarjeta de su abuelo mientras este dormía. También le cogió el móvil a un compañero y envió un mensaje suplantando su identidad y criticando a un tercer compañero con la finalidad de enemistarlos, porque no quería que fuesen amigos. Y, finalmente, estos también indicarán "Proponen como reparación...".

Es importante indicarle al alumnado que lo que se persigue es una reparación del daño causado y que debe realizarse en acciones. No caben las penas privativas de libertad, ya que esto debería ser dictado por un órgano jurisdiccional. Sin embargo, en este supuesto estamos ante un caso derivado por el juez a mediación para ver si las partes se pueden dar por sí mismas una solución sin su intervención.

Así mismo, en caso de solicitar cuantías económicas, deberán llevar un concepto, es decir, facturas de asistencia psicológica, facturas de asistencia médica, facturas de taxis o de gastos en farmacia, etc.

Además, el alumnado podrá añadir las circunstancias o escenarios que tengan por convenientes y que su imaginación les plantee, apuntando que todos los argumentos y hechos que se añadan, fruto de su relato, puntuarán muy favorablemente.

A los mediadores se les indicará que intervengan para reconducir el debate e intentar unir los puntos en común de los diferentes grupos, así como que vayan elaborando un borrador de acuerdo. Finalmente, se les otorgarán 5 minutos para que puedan redactar y exponer ese acuerdo.

b) *Role play* judicial por IA decisional

En segundo lugar, también se le puede plantear al alumnado un *role play* sobre las consecuencias de la aplicación de una IA decisional en la justicia. El caso que se propone será el de un chico de etnia gitana al que un programa de IA señala como presunto culpable de un robo con violencia. Este programa indica que el móvil del chico se sitúa geolocalizable cerca del lugar de los hechos. Además, la etnia a la que pertenece cuenta con un alto porcentaje de criminalidad, unido a que su sexo es el que más delinque.

En este caso no se plantea una mediación, sino una defensa del chico, una acusación y un juez que tendrá que decidir sobre el asunto. No obstante, no lo haremos solo con tres alumnos, sino dividiendo al grupo en dos partes y estableciendo un tribunal de entre tres a cinco alumnos y alumnas que adopten la decisión final.

Debemos indicar que hay países como China donde existe la figura del juez robot y estos casos ocurren a diario. Sin embargo, gracias a la Constitución española, en nuestro país este tipo de aplicaciones no pueden dictar sentencia, aunque sí asesorar a nuestros órganos jurisdiccionales. En este caso utilizaremos tres roles.

1. El tribunal, que deberá decidir si hacer caso y uso de la aplicación de IA aún a riesgo de que esta esté en lo erróneo.

2. La parte acusada, que deberá insistir en su inocencia y poner en duda a la aplicación de IA que le señala, sin más argumentos que la de su etnia, sexo y la localización de su teléfono móvil.

3. La parte acusadora, dueña del establecimiento que lo único que busca a toda costa es recuperar los 1.000 euros perdidos durante el robo y no duda en apoyar a la aplicación de IA con la única finalidad de cobrar lo antes posible.

En este caso se debe trabajar sobre todo la empatía con el otro y ver que el apoyarse en roles de género o sexo para cualquier argumentación puede ser muy dañino para las personas.

5. CONCLUSIONES

La sesión se desarrolló el pasado 6 de febrero de 2025 con la colaboración del alumnado del tercer curso de Educación Secundaria Obligatoria del Instituto de Educación Secundaria Santa María de Siena, en la ciudad de Córdoba. Esta sesión la centramos en los riesgos del uso de los *deepfakes* sexuales, que en un 99% son protagonizados por imágenes de mujeres no consentidas con la finalidad de hacerles el mayor daño psicológico y social posible.

Para ello, en primer lugar, explicamos los riesgos que las *fake news* y la era de la posverdad pueden causar a la ciudadanía y, sobre todo, a aquellos sectores de la sociedad menos informados o más crédulos ante lo que aparece por la pantalla. Definimos el concepto de *deepfakes* y pusimos ejemplos legítimos con usos lúdicos y científicos, como pueden ser los gemelos digitales para la medicina. En segundo lugar, continuamos con los *deepfakes* ilegítimos, que pueden ir destinados a desinformar, tratando las imágenes de líderes poderosos o personajes influyentes para que emitan un mensaje erróneo a la ciudadanía. Y, posteriormente, entramos en los datos, ya que solo un 2% de esos *deepfakes* ilegítimos son protagonizados por estos líderes o personajes influyentes, mientras que el 98% del resto son de contenido sexual. Dentro de estos, el 99%

de ese contenido sexual está generado con imágenes de mujeres. Por ello, era necesario informar al alumnado de las consecuencias legales derivadas del uso de estas, con el objetivo de que no piensen que el uso de estas aplicaciones es inocuo legislativamente hablando.

Posteriormente se les informó de las diferentes aplicaciones de IA que asisten a las mujeres con problemas de este tipo, ya que a veces les cuesta dar el paso para pedir ayuda a las personas de su entorno y se refugian en las aplicaciones de IA que, a través de *chatboots*, les dan consejos para que puedan llegar a denunciar en los canales oficiales si están sufriendo algún tipo de acoso o violencia virtual de género.

Y finalmente, dimos paso al inicio del *role play*, donde a través de una mediación pretendíamos solventar o poder ayudar a una chica que había sufrido un *deepfake* sexual no consentido. Asimismo, otro de los objetivos fue entender también la posición del agresor, que no contaba con una intencionalidad de dañar a la víctima, pero cuya inexperiencia por su juventud le llevó a cometer este error. Se trabajaron principalmente la empatía y la capacidad de pensar en las consecuencias de actos que podemos pensar que son inocuos. La principal problemática que nos encontramos fue la postura enrocada de quienes representaban a la víctima, que no aceptaban ningún otro destino para el agresor que no fuese el internamiento en un centro de menores. Por ello, quizá en una experiencia futura deberíamos trabajar más la empatía antes de iniciar el caso o intentar, al menos, que sean más flexibles en sus pensamientos, aunque a veces estas cuestiones son inherentes a la edad de los participantes.

La valoración es muy positiva, ya que no solo se va conociendo la incidencia de las *deepfakes* y se trabaja en la cultura de la conciencia crítica y del análisis de todo aquello que les plantean en las redes, sino que, además, la sesión da a conocer herramientas de IA feministas que pueden ayudarles en una situación desesperada. Asimismo, a nivel grupal han compartido una experiencia de mediación -la primera vez para el grupo-, que les ha permitido ver otras fórmulas de resolución de conflictos de manera pacífica, tranquila y respetuosa con todas las partes implicadas.

6. REFERENCIAS BIBLIOGRÁFICAS

Barona Vilar, Silvia. (2018). *Nociones y Principios de las ADR. (Solución Extrajurisdiccional de Conflictos)*. Valencia: Tirant Lo Blanch.

Bigas Formatjé, Núria. (2023). *Deepfakes' pornográficos: Cuando la IA desnuda tu intimidad y vulnera tus derechos*. DOI: 10.1177/0886260508314333.

Catalán Chamorro, María José. (2023). La Enseñanza de la Mediación a través del Role Play. En Ana Isabel Blanco García (ed.), *Nuevas metodologías de enseñanza aprendizaje en mediación y gestión de conflictos* (110-115). Valencia: Tirant Lo Blanch.

De Hoyos Sancho, Montserrat. (2022). El proyecto de Reglamento de la Unión Europea sobre inteligencia artificial, los sistemas de alto riesgo y la creación de un ecosistema de confianza. En Silvia Barona Vilar (ed.), *Justicia poliédrica en periodo de mudanza: Nuevos conceptos, nuevos sujetos, nuevos instrumentos y nueva intensidad* (403-422). Valencia: Tirant Lo Blanch.

Donald L. Buresh. (2022). Practical Suggestions for Win-Win, Win-Lose, Lose-Win, and Lose-Lose Strategies in Mediation or Arbitration. *Journal of Human Psychology*, 1(4), 24-34. DOI: 10.14302/issn.2644-1101.jhp-22-4129

Llorente Sánchez-Arjona, Mercedes. (2022). La inteligencia artificial como nueva estrategia de prevención en los delitos de violencia sexual. En Ignacio Colomer Hernández (dir.), *Uso de la información y de los datos personales en los procesos: los cambios en la era digital* (259-282). Cizur Menor: Aranzadi.

Martínez Garay, Lucía. (2024). *Three predictive policing approaches in Spain: VIOGÉN, RISCANVI and VERIPOL Assessment from a human rights perspective*. Valencia: Publicacions de la Universitat de València.

Martínez Garay, Lucía. (2018). Peligrosidad, algoritmos y due process: el caso Sate v Loomis. *Revista De Derecho Penal Y Criminología*, 20, 485-502. DOI: 10.5944/rdpc.20.2018.26484

Miguel Freita, Pedro. (2023). Deepfakes, conteúdo gerado por inteligência artificial e verdade procesual. En Coral Arangüena Fanego, Montserrat De Hoyos Sancho y Esther Pillado González (dirs.), *El proceso penal ante una nueva realidad tecnológica europea* (195-205). Madrid: Thomson Reuters Aranzadi.

Montesinos García, Ana. (2023). Inteligencia Artificial En La Justicia Con Perspectiva De Género: amenazas y oportunidades. *Actualidad Jurídica Iberoamericana*, 21, 566-597. Disponible en internet.

Rekalde Rodríguez, Itziar y Pérez-Sostoa Gaztelu-Urrutia, Virginia. (2015). Construyendo tareas auténticas para el desarrollo de competencias profesionales en la educación superior: el uso del Role-Playen el Grado de Pedagogía. *Revista d'Innovació Docent Universitària,* 7, 81-96.

Villar Fuentes, Isabel. (2022). El agente encubierto informático: reto legislativo pendiente en un escenario digitalizado. *Revista de estudios jurídicos y criminológicos*, 12 (6), 197-228. DOI: 10.25267/REJUCRIM.2022.i6.07

LA INTELIGENCIA ARTIFICIAL EN EL SECTOR AGROFORESTAL. SOSTENIBILIDAD, IMPACTO MEDIOAMBIENTAL Y GÉNERO

José Luis Quero Pérez
Universidad de Córdoba
ORCID ID: 0000-0001-5553-506X

SUMARIO: 1. ¿Qué es el sector agroforestal? 2. ¿Qué es la inteligencia artificial? 3. Inteligencia artificial generativa y predictiva. 4. Ejemplos de aplicaciones de la inteligencia artificial en el sector agroforestal. 5. ¿Realmente es sostenible la inteligencia artificial en el sector agroforestal? 6. Perspectiva de género en el sector agroforestal ¿Puede la inteligencia artificial contribuir a la igualdad? 7. ¿Cómo podemos contribuir a la igualdad en el medio rural? 8. Conclusiones. 9. Referencias bibliográficas.

1. ¿QUÉ ES EL SECTOR AGROFORESTAL?

El sector agroforestal o, más bien, la palabra agroforestal engloba dos grandes sectores. El primero, el sector agrícola, que forma parte del sector primario y está centrado en la producción de materias primas de origen vegetal. Sus actividades no solo incluyen la preparación y el mantenimiento del suelo, la siembra, el cultivo y la cosecha, sino que también comprende una industria de transformación de los productos agrícolas que engloba, por ejemplo, a las bodegas, almazaras y, en general, cadena de frío y comercialización. En España, la superficie agraria útil supone más de 23 millones de hectáreas, casi la mitad del territorio nacional, con aproximadamente 17 millones dedicados a cultivos. De esta superficie cultivada, el 76% corresponde a cultivos de secano y el

24% a cultivos de regadío (MITECO). Por otro lado, el sector forestal abarca todas las actividades relacionadas con la gestión, conservación y explotación de los recursos forestales como la producción de madera, las repoblaciones forestales, la conservación de la biodiversidad y los servicios ecosistémicos (Picardo, 2018).

2. ¿QUÉ ES LA INTELIGENCIA ARTIFICIAL?

La inteligencia artificial (IA) es una rama de la informática que se dedica a crear sistemas y programas capaces de realizar tareas que normalmente requieren inteligencia humana. Estas tareas incluyen aprender, razonar, resolver problemas, entender el lenguaje natural y reconocer patrones.

3. INTELIGENCIA ARTIFICIAL GENERATIVA Y PREDICTIVA

La IA generativa y la IA predictiva representan ramas distintas de la inteligencia artificial, con objetivos, metodologías y aplicaciones fundamentalmente diferentes. La IA generativa crea contenido nuevo y original a partir de lo que ha aprendido, cuyos formatos más frecuentes a nivel de usuario son la creación de imágenes, la composición musical o la escritura de textos. Por lo que respecta a la IA predictiva, trata de predecir el futuro o establecer patrones basándose en datos históricos o en datos tomados a tiempo real; pronosticar el tiempo, recomendar productos, detectar enfermedades u optimizar procesos son contextos de la IA predictiva en nuestra vida cotidiana.

4. EJEMPLOS DE APLICACIONES DE LA INTELIGENCIA ARTIFICIAL EN EL SECTOR AGROFORESTAL

Mostraremos 2 ejemplos de aplicaciones de la IA en el sector agroforestal:

A) La detección temprana de enfermedades en cultivos o en masas forestales se aplica mediante recopilación de datos de hojas sanas y enfermas a través de drones, cámaras de campo, dispositivos móviles o incluso imágenes de satélite de alta resolución. Estas imágenes albergan información más allá del espectro visible, por lo que detectan información más allá de lo que el ojo humano puede ver. Las imágenes se preprocesan para mejorar la calidad y eliminar ruido. Esto incluye la normalización de colores, el recorte de áreas irrelevantes y la ampliación de datos mediante técnicas como rotación y escalado. Para el entrenamiento del modelo, se utilizan métodos como una red neuronal convolucional (CNN) con las imágenes preprocesadas. La CNN aprende a identificar patrones y características específicas de las enfermedades en las hojas. El modelo se valida utilizando un conjunto de datos de prueba. Se evalúa su precisión, sensibilidad y especificidad para asegurarse de que puede detectar correctamente las enfermedades. Una vez entrenado y validado, el modelo se implementa en una aplicación móvil o en un sistema de monitoreo en campo. Los agricultores y gestores forestales pueden tomar fotos de las hojas de sus cultivos o masas y el modelo predice si están enfermas y qué enfermedad podrían tener.

B) En el ámbito de los robots y maquinaria de precisión para las labores agrícolas contamos con un ejemplo reciente creado en la Universidad de Córdoba (Bayano-Tejero, Sarri y Sola-Guirado, 2025). El Grupo de investigación "Mecanización y Tecnología Rural" ha desarrollado un tractor autónomo llamado "Sergius", diseñado para realizar tareas agrícolas en campos de cultivos leñosos de manera eficiente. Este tractor, que se enmarca en la Agricultura 4.0, es único por sus tres modos de dirección: frontal, frontal-trasera inversa e híbrida, que le permiten realizar giros precisos y avanzar en línea recta según la trayectoria requerida. Equipado con sensores LiDAR, una unidad inercial, una brújula digital y un sistema GPS de alta precisión, Sergius combina un sistema de propulsión diésel e hidráulico para satisfacer las demandas de potencia y arrastre. Controlable desde un ordenador, tablet o móvil, el tractor ha sido probado en un olivar intensivo, demostrando su capacidad para cambiar de modo de dirección según las necesidades de las maniobras.

5. ¿REALMENTE ES SOSTENIBLE LA INTELIGENCIA ARTIFICIAL EN EL SECTOR AGROFORESTAL?

Ante el aumento de la demanda global de alimentos y los desafíos del cambio climático, las tecnologías de inteligencia artificial (IA) se están integrando cada vez más en los sectores agrícola y forestal, prometiendo impactos transformadores en eficiencia, productividad y conservación ambiental. Esta intersección entre tecnología y gestión de recursos naturales plantea una cuestión compleja: ¿Es realmente sostenible la IA en estos sectores y cuáles son los compromisos involucrados?

La IA tiene el potencial de contribuir a la sostenibilidad, ya que puede minimizar el uso de pesticidas y fertilizantes y, en general, la reducción del consumo de energía y la huella de carbono y agua. A pesar de estos beneficios, la implementación de la IA conlleva costes ambientales significativos. A medida que los modelos de IA crecen en complejidad, también lo hace su demanda energética para entrenamiento y operación. Este consumo energético supone una carga considerable para redes eléctricas que, en muchas regiones, aún dependen de combustibles fósiles, lo que puede contrarrestar los beneficios ambientales logrados. La magnitud de este consumo es preocupante: para 2027, se prevé que los requerimientos energéticos de la IA igualen los de países como Argentina o Suecia (Millerton, 2024).

Esto plantea dudas sobre si los beneficios ambientales de la IA en agricultura y gestión forestal pueden compensar su propia huella de carbono. Aun asumiendo un beneficio compensatorio, a veces la optimización de recursos, ya sea a través de IA u otras tecnologías, puede conducir a paradojas productivistas. Entre ellas, la paradoja de Jevons (Jevons, 1865), que afirma que las mejoras tecnológicas que aumentan la eficiencia en el uso de recursos conducen a un aumento en el consumo total, en lugar de una reducción, debido a la disminución del costo y el aumento de la demanda del recurso. En el ámbito agrícola, lo ilustramos con el siguiente ejemplo: en un cultivo agrícola se introduce un nuevo sistema de riego que es mucho más eficiente en el uso del agua. Este sistema permite que las plantas reciban la cantidad exacta de agua que necesitan, reduciendo el desperdicio. A primera vista, uno podría pensar que esto llevaría a un ahorro significativo de agua. Sin embargo, debido a que el nuevo sistema de riego es tan eficiente, los agricultores deciden expandir sus cultivos, plantando más hectáreas de lo que hacían antes. Como resultado, aunque cada planta individual usa menos agua, el aumento en el número total de plantas hace que el consumo total de agua del cultivo sea mayor o igual que antes de implementar el sistema eficiente (Figura 1).

FIGURA 1. *Ejemplo de paradoja de Jevons en un cultivo agrícola con optimización de riego*

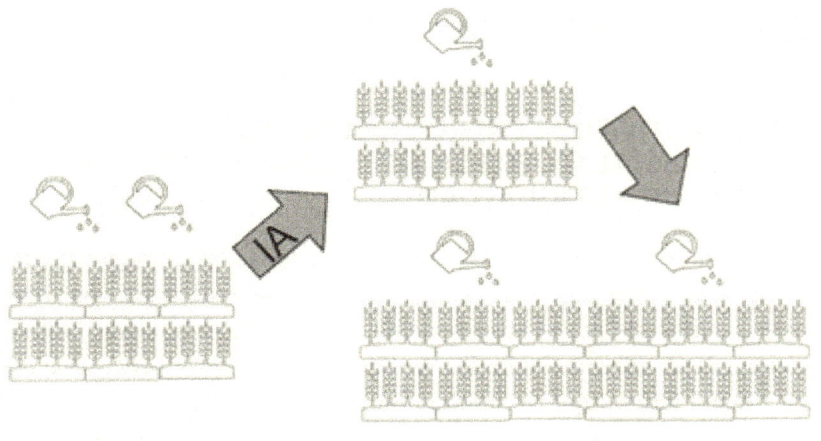

Fuente: elaboración propia

Por otra parte, cabe la reflexión de que las nuevas tecnologías como la IA en los sectores agro y forestal no solo deben de usarse para mejorar la productividad o la eficiencia en la producción, sino también para optimizar lo que se ha producido. De acuerdo con un congreso celebrado recientemente en la Universidad de Córdoba, el desperdicio alimentario afecta, según datos de la Organización de Naciones Unidas, al 17% de los alimentos producidos. Asimismo, genera entre el 8 y 10% de las emisiones de gases de efecto invernadero. La problemática del desperdicio afecta a diferentes áreas donde la IA puede usarse como parte de la solución. Por ejemplo, la problemática del desperdicio: ciencia postcosecha, soluciones inteligentes, metodologías de cuantificación de la pérdida y desperdicio de alimentos, estrategias de prevención y reducción, tecnologías de revalorización y *upcycling*, logística alimentaria y modelización predictiva, entre otras. La idea aquí es abordar los principales retos para la prevención y la gestión del desperdicio alimentario desde diferentes áreas de investigación. De hecho, el 1 de abril de 2025 entró en vigor en España la Ley 1/2025, de 1 de abril, de Prevención de las Pérdidas y el Desperdicio alimentario (BOE nº80: 44747), en cuyo preámbulo se afirma que reducir drásticamente el volumen de pérdidas y desperdicio alimentario es un imperativo moral de los poderes públicos y de los operadores de la cadena de suministro.

6. PERSPECTIVA DE GÉNERO EN EL SECTOR AGROFORESTAL ¿PUEDE LA INTELIGENCIA ARTIFICIAL CONTRIBUIR A LA IGUALDAD?

La IA debe beneficiar equitativamente a todas las personas involucradas en el sector agroforestal. Sin embargo, de acuerdo con un diagnóstico publicado por el Ministerio de Agricultura en 2021, las mujeres se encuentras subrepresentadas en liderazgo y acceso a recursos, con una brecha laboral que se ilustra con una tasa de empleo un 9% por debajo de la de los hombres. Ello se atribuye a los roles y estereotipos de género que afectan a la percepción de la calidad de vida y las oportunidades de las mujeres en el medio rural, lo que es fácilmente demostrable con un ejercicio que hicimos en clase con IA generativa de imágenes en el *chatbot Copilot*. La Figura 2, muestra dos imágenes generadas tras la escritura de los siguientes *prompts*: "crea una imagen de una mujer trabajando en el mundo rural" y "crea una imagen de un hombre trabajando en el mundo rural". A pesar de que la IA ya implementa la corrección de los sesgos de género en sus modelos generativos, los resultados son manifiestamente desiguales, por lo que no es un problema de la IA, si no de los datos en los que se ha basado. En definitiva, no es la IA la que genera desigualdad, si no la sociedad y sus estructuras patriarcales por cambiar en el medio rural.

FIGURA 2. *Generación de imágenes en el chatbot Copilot*

Nota: imágenes creadas tras los *prompts* "crea una imagen de una mujer trabajando en el mundo rural" (izquierda) y "crea una imagen de un hombre trabajando en el mundo rural" (derecha).

7. ¿CÓMO PODEMOS CONTRIBUIR A LA IGUALDAD EN EL MEDIO RURAL?

Mediante políticas sería un primer paso. Por ejemplo, promoviendo una ley de titularidad compartida[60] para facilitar que las mujeres sean co-titulares de las explotaciones agrarias y forestales, lo que les permitiría acceder a ayudas específicas y a mejorar el empoderamiento económico. También mediante el apoyo a asociaciones de mujeres rurales o a través de premios a la innovación desde las instituciones que reconozcan proyectos innovadores desarrollados por mujeres.

La IA es una herramienta que también puede contribuir a la igualdad, abordando barreras clave que enfrentan las mujeres, como el acceso limitado a la información, a los servicios financieros, a la tecnología y su representación en la toma de decisiones. Sin embargo, las soluciones más contundentes pasan por la educación, la formación, la sensibilización y el cambio cultural. El acceso a grados y másteres universitarios que habilitan para desarrollar el futuro profesional de las mujeres en el medio rural es un reto en el que perseverar (Tabla 1). Al ser ingenierías, desde las políticas de igualdad aún tenemos que promocionar el ingreso en las conocidas como áreas STEM (de Ciencias, Tecnología, Ingeniería y Matemáticas, según sus siglas en inglés) de las mujeres, todavía subrepresentadas. Acciones como las jornadas que han generado este capítulo son fundamentales, para que las alumnas de los centros de enseñanza secundaria puedan comenzar a informarse y formarse sobre el reto futuro de alimentar y suministrar a una población humana creciente que alcanzará los 9.700 millones de habitantes en 2050, según datos de Naciones Unidas.

---

[60] Ley 35/2011, de 4 de octubre, sobre titularidad compartida de las explotaciones agrarias. Lamentablemente, no se han puesto en marcha los recursos necesarios para que se pudiera transformar la realidad de las mujeres que trabajan el campo como una extensión del trabajo de cuidados (Prados García, 2022).

TABLA 1. *Titulaciones ofertadas en la Universidad de Córdoba que puede contribuir al empoderamiento de la mujer en el medio rural*

Grados	Másteres
· Grado de Ingeniería Agroalimentaria y del Medio Rural · Grado en Ingeniería Forestal · Grado en Enología	· Máster en Ingeniería Agronómica · Máster en Ingeniería de Montes · Máster en Transformación Digital del Sector Agroalimentario y Forestal (DIGITAL-AGRI)

8. CONCLUSIONES

1. El sector agroforestal abarca la producción de alimentos y la gestión y aprovechamiento de los recursos que nos brinda el medio natural

2. Hay que saber diferenciar entre IA generativa e IA predictiva

3. La IA puede ayudarnos a optimizar recursos, pero aún quedan retos pendientes a nivel social y computacional:

    3.1 Paradoja de Jevons

    3.2 Búsqueda de soluciones al desperdicio alimentario

4. La IA, *per se*, no genera desigualdad, los sesgos vienen de los datos que le aportamos

5. En el mundo rural siempre ha habido mucha mujer, pero a la sombra

6. El sector agroforestal tiene el reto de producir con menos tierras cultivables y menos recursos disponibles

7. Se necesita la mirada crítica femenina en el sector agroforestal

8. Formación para el cambio cultural

9. REFERENCIAS BIBLIOGRÁFICAS

Bayano-Tejero, Sergio, Sarri, Daniele y Sola-Guirado, Rafael. (2025). Design and field validation of a Dual-Axle steering system for autonomous tractors. *Comput. Electron. Agric.*, 231, 110000. DOI: 10.1016/j.compag.2025.110000.

Ley 1/2025, de 1 de abril, de prevención de las pérdidas y el desperdicio alimentario. Boletín Oficial del Estado núm. 80, de 2 de abril de 2025, 44747-44790.

Jevons, William Stanley. (1865). *The Coal Question; An Inquiry Concerning the Progress of the Nation, and the Probable Exhaustion of Our Coal Mines.* London: Macmillan and Co.

Millerton, Sarah. (2024). AI's Environmental Paradox. Climate Solution or Hidden Polluter? *Matter.* Disponible en: https://www.thisismatter.com/insights/ais-environmental-paradox-climate-solution-or-hidden-polluter

Ministerio para la Transición Ecológica y el Reto Demográfico [MITECO]. Cambio climático, mitigación: sectores difusos. Disponible en: https://www.miteco.gob.es/es/cambio-climatico/temas/mitigacion-politicas-y-medidas/agricola.html

Picardo Nieto, Álvaro. (2018). Concepto de Monte y Explotación Forestal. *Jornada RedPac sobre propiedad forestal* [Power Point]. Disponible en internet.

Prados García, Celia (2022). Diario LA LEY, nº 10002, de 3 de febrero de 2022, Nº 10002, 3 de feb. de 2022, Editorial Wolters Kluwer.

Epílogo

Marian Aguilar Rider
Concejala de Igualdad del Ayuntamiento de Córdoba

Cuando hablamos de futuro, solemos imaginar progreso, innovación y bienestar compartido. Pero la experiencia nos recuerda que el progreso no es neutral, ni inevitablemente justo. La inteligencia artificial, símbolo por excelencia de nuestro presente y de lo que está por venir, representa uno de los mayores desafíos de nuestra era en materia de derechos humanos, justicia social y, especialmente, igualdad de género.

Este proyecto, impulsado con convicción por el Ayuntamiento de Córdoba y ejecutado por la Cátedra de Estudios de las Mujeres Leonor de Guzmán, nos ofrece una mirada crítica y profundamente necesaria sobre los impactos —visibles y ocultos— que las tecnologías emergentes están teniendo en nuestras vidas. Y lo hace desde una perspectiva plural, experta y comprometida con el feminismo y la justicia social.

Cada capítulo de esta publicación plantea preguntas incómodas y urgentes: ¿Por qué los algoritmos reproducen —e incluso amplifican— sesgos de género, edad o etnia? ¿Qué consecuencias tiene delegar en sistemas automáticos decisiones que afectan a nuestras carreras, a nuestra salud o a nuestra libertad? ¿Por qué las voces femeninas siguen asociadas, incluso en la inteligencia artificial, a la obediencia y a la servidumbre? ¿Cómo evitar que nuestras imágenes, cuerpos o datos sean usados sin consentimiento?

Estas preguntas no pueden quedarse en los márgenes de la reflexión académica o tecnológica. Necesitan respuestas políticas, éticas y sociales. Como responsables públicas, nos corresponde promover una inteligencia artificial que no solo sea eficiente, sino justa; no solo innovadora, sino inclusiva.

Desde la Delegación de Igualdad del Ayuntamiento de Córdoba reafirmamos nuestro compromiso con una transformación digital que no deje a nadie atrás. Una transformación que escuche a las mujeres, que corrija desigualdades históricas, y que garantice que la tecnología no se utilice como herramienta de discriminación, sino como aliada para una sociedad más igualitaria y democrática.

Esta publicación es un paso en ese camino. Agradecemos profundamente el trabajo riguroso, valiente y clarificador de todas las autoras y autores que la componen. Su mirada crítica es, hoy más que nunca, imprescindible.

Porque la igualdad no puede esperar. Tampoco en los algoritmos.

ACCESO GRATIS *a la Lectura en la Nube*

Para visualizar el libro electrónico en la nube de lectura envíe junto a su nombre y apellidos una fotografía del código de barras situado en la contraportada del libro y otra del ticket de compra a la dirección:

ebooktirant@tirant.com

En un máximo de 72 horas laborables le enviaremos el código de acceso con sus instrucciones.

La visualización del libro en **NUBE DE LECTURA** excluye los usos bibliotecarios y públicos que puedan poner el archivo electrónico a disposición de una comunidad de lectores. Se permite tan solo un uso individual y privado.